JN302153

介護保険サービス

苦情の構造

苦情を活かせばサービスが変わる

倉田 康路

学文社

発刊に寄せて

　介護保険制度においてサービス事業者は「指定サービス事業者等の人員，設備及び運営に関する基準」（厚生労働省令）に基づき，提供したサービスに係る利用者及びその家族からの苦情・相談に迅速かつ適切に対応することが規定されています。

　また，私ども国民健康保険団体連合会もサービス事業者に同じく介護保険法上に苦情対応機関として位置付けられ，サービス利用者からの苦情を受付け，解決していく役割が課せられています。苦情の解決を図るうえでは，苦情が申立てられたサービス事業者に対して調査のうえ，改善指導・助言を行うこととなっています。

　苦情の解決の目的は実践現場で提供されるサービスの質の向上にあり，国民健康保険団体連合会においてはその目的が実現されることを期待しながら，課せられた役割を果たすための業務を進めております。

　この度，西九州大学大学院教授で，私ども佐賀県国民健康保険団体連合会の介護サービス苦情処理委員でもある倉田康路氏が，15年にわたる委員としての経験を踏まえ，たくさんの事例や申立人の方たちに対しての聞き取り調査などから得られたデータに基づきながら，苦情解決を通して，どのように介護保険サービスの質の向上につなげていくかについてまとめられ，発刊されることとなりました。

　本書は，「苦情を活かす」という視点から実証的にまとめられた貴重なものであり，介護保険サービスの実践現場において大いに参考になるものであると思います。今後の介護保険制度をより良いものにしていくためにも，制度に携わる方々など，広く皆様にお読みいただけることを願っています。

　2014年4月

佐賀県国民健康保険団体連合会
理事長　武村　弘正

はじめに

　筆者はこれまでに佐賀県国民健康保険団体連合会の介護保険サービス苦情処理委員として，介護保険制度が始まって以降15年間にわたりサービス利用者・家族からの苦情申立てにかかわってきました。

　苦情申立ての内容はさまざまです。深刻なケースとしては事故にともない死亡に至るものもありました。死亡には至らないまでも，切断，骨折，打撲，内出血など要介護高齢者からして日常生活に重大な支障をともなう事故にかんする苦情申立てはその多くを占めます。

　他方で，職員から発せられた一言の言葉に対する苦情申立てもありました。職員やサービス事業者から向けられる，言葉，表情，態度などが利用者・家族にネガティブ（否定的，批判的）な感情をもたらすこととなって作用し，信頼関係をなくしてしまう。対人関係において信頼性を築いていくことは容易ではなく，時間を要するものですが，崩してしまうのは，一瞬です。たった一言の言葉を発した，その瞬間に信頼関係は崩壊してしまいます。いったん崩壊した信頼関係を元に戻すことは難しく，大きな溝となって埋めもどすことができなくなってしまいます。

　事故にしても，言葉にしても，偶発的に生じ，たまたま発せられたものといえるのでしょうか。事故には必ず原因があるといわれています。言葉もその人が思いもしていない言葉は通常でてこないはずです。かりに，思ってもいないだろう言葉が発せられたとしても，その人の目から，顔から，からだ全体から，その言葉が真意ではないことをうかがうことができます。利用者・家族はそのことを敏感に察し，心のなかで葛藤します。「お世話になっている」その相手に対して，不満や苦情を示すことを。

　これまでに筆者が担当してきた多くの苦情申立てのうち，事業者側にまったく問題のなかったケースはありませんでした。結果として，事業者に対して指導・助言を指摘するものばかりでした。しかも，指導・助言の項目は1項目というレベルではなく，平均すると5～6項目というレベルでした。また，事故，言葉のほか，損害，契約違反，サービス提供拒否，サービスの質などさまざまな苦情申立てがあるなかで，まったく同じ内容の苦情申立てはありませんが，事業者側に対する指導・助言として指摘された項目には一定の共通性が認められました。さらには，苦情申立人の意識にも共通した意識がうかがわれるものでした。

　苦情処理委員としての業務を通して，苦情が申立てられた事業者に共通した特徴があること，そして，申立人においては，他の領域のサービスとは異なる介護サービスの独自性から，サービス利用者・家族という立場の複雑な「思い」があるなかで葛藤しながら，いくつかの局面を

経て苦情申立てに至ることを感じるようになりました。

　そこで本書では，① 介護保険制度における苦情申立てシステムの目的，特徴，窓口機関などを踏まえたうえで（第1章），② どのような背景で苦情が申立てられるのか，申立人が苦情申立てに至った理由（第2章），③ 具体的な苦情申立ての内容とその結果の実際（第3章），③ 苦情が申立てられた事業者の特徴（第4章），④ 苦情を活かしたサービスの提供（第5章）など介護保険サービスにおける苦情の構造について，実際の苦情申立て事例の分析，苦情申立人への聞き取り調査などに基づきながら実証的に明らかにしていくものです。

　事業者側からして苦情が申立てられるといういわば「失敗」を，その失敗から学び，「成功」としての利用者・家族の満足やサービスの質の向上にいかにしてつなげるか，また，苦情を後向きに捉えるのではなく，前向きに捉え，改善していくチャンスとするか，本書のねらいは介護保険サービスにおける苦情の構造を理解してもらうなかで，苦情申立てから得られた教訓を活かしたサービスの提供にむけて介護保険事業者や従事者の人たち，また，将来，ソーシャルワーカーやケアワーカーをめざす人たちに参考にしていただくことです。

　なお，本書は筆者がこれまでに発表した10編の拙稿（85頁）を基礎にしてまとめたものです。

　最後に本書の刊行にご理解，ご支援をいただきました佐賀県国民健康保険団体連合会の皆様，学文社の田中千津子社長に厚く御礼を申し上げます。

2014年4月

倉　田　康　路

目　次

第1章　苦情と介護保険 … 1

第1節　「利用者主体」の介護保険 … 1
1. 「利用者主体」の志向 … 1
2. 「利用者主体」が具現化されたシステム … 2
3. 「利用者主体」のサービス提供 … 3

第2節　苦情と苦情解決システム … 5
1. 苦情解決システムのねらい … 5
2. 苦情を示すことの権利 … 5
3. 苦情の意味するもの … 7
4. 苦情を申立てる条件 … 7
5. 苦情申立て窓口の設置と役割 … 8

第2章　苦情が申立てられる理由 … 13

第1節　苦情申立てに至るまでの経緯と申立人の「思い」 … 13
1. サービス利用に際しての「期待」と「不安」 … 13
2. サービス利用にむけての手続き上の問題 … 15
3. ネガティブな評価への変容 … 15
4. 不満表明にかかわる心の葛藤 … 16
5. 不満表明後の納得のいかない対応 … 17

第2節　苦情申立ての特徴 … 17
1. 積み重なる「不満」 … 17
2. 不満表明に含まれる「批判性」と「肯定性」 … 18
3. 家族による苦情申立ての経緯 … 19
4. 「不満」への対応パターン … 19
5. 介護保険サービスの独自性 … 20

第3章　苦情申立ての内容と結果　―20の事例から― … 23
1. 訪問系サービス … 23
　　事例1　訪問介護「契約とは異なるサービス」　23
　　事例2　訪問介護「サービス提供拒否」　24
　　事例3　訪問介護「希望が尊重されないサービス」　25
　　事例4　訪問入浴介護「説明不足」　27
　　事例5　訪問リハビリテーション「契約の解除」　29
2. 短期入所系サービス … 31
　　事例6　短期入所生活介護「皮下出血事故」　31

　　　　事例 7　短期入所生活介護「打撲事故」　33
　　　　事例 8　短期入所生活介護「認識のズレ」　34
　　　　事例 9　短期入所生活介護「打撲事故」　35
　3. 通所系サービス･･･ 37
　　　　事例 10　通所リハビリテーション「誤嚥事故」　37
　4. 認知症高齢者サービス･･ 39
　　　　事例 11　認知症対応型共同生活介護「暴言」　39
　　　　事例 12　認知症対応型共同生活介護「体験入居中の転落事故」　40
　5. 施設系サービスⅠ（介護老人福祉施設）･･････････････････････････････････････ 43
　　　　事例 13　介護老人福祉施設「入浴中の事故」　43
　　　　事例 14　介護老人福祉施設「転倒事故」　44
　　　　事例 15　介護老人福祉施設「連続する事故」　47
　　　　事例 16　介護老人福祉施設「サービスの質」　49
　6. 施設系サービスⅡ（介護老人保健施設）･･････････････････････････････････････ 51
　　　　事例 17　介護老人保健施設「退所の要求」　51
　　　　事例 18　介護老人保健施設「骨折事故」　52
　　　　事例 19　介護老人保健施設「切断事故」　54
　　　　事例 20　介護老人保健施設「不適切な発言」　58

第4章　苦情が申立てられた事業者の共通性････････････････････････････････････ 61
　1. サービスの質と苦情申立て･･ 61
　2. 事業者が陥っている共通した状況
　　　　　　―苦情申立てに作用する9つの場面から―････････････････････････････ 63
　　　　(1) 契約（インフォームドコンセント）上の手続き　63
　　　　(2) 職員間の情報共有　64
　　　　(3) ケアマネジメントに基づくサービスの提供　65
　　　　(4) 事業者と利用者・家族間の意思疎通　66
　　　　(5) 家族に対する連絡・報告　67
　　　　(6) サービス提供体制の整備　68
　　　　(7) 記録の整備　70
　　　　(8) 職員・事業者の資質　71
　　　　(9) 苦情対応体制の整備　72

第5章　苦情を活かした介護保険サービスの提供････････････････････････････････ 75
　1. 苦情申立ての環境整備･･ 75
　　　　(1) 苦情発生の必然性　75
　　　　(2) 「不満」を引き出す　75
　2. 組織としての対応･･ 76
　　　　(1) 苦情対応の組織化　76
　　　　(2) マニュアルの整備と迅速化　77
　3. 運営基準の徹底とサービスの質の向上･･ 77

(1) 運営基準に基づくサービスの提供　77
　　　(2) サービスの質的向上　78
4. 予測することの重要性 ··· 79
　　　(1) リスクを想定した「予測介護」　79
　　　(2) 事故対策の強化　79
　　　(3) ケアプランの吟味　80
5.「誠意」あるサービスの提供 ·· 81
　　　(1) 事業者・職員の感情が利用者・家族の感情に反映　81
　　　(2) からだ全体で表出される「誠意」　82

文　献 ··· 83

本書の基礎となった論文 ·· 85

資料 介護保険サービス運営基準（厚生労働省令） ······························ 87
　　　(1) 訪問介護　88
　　　(2) 通所介護　91
　　　(3) 通所リハビリテーション　93
　　　(4) 短期入所生活介護　94
　　　(5) 認知症対応型共同生活介護　96
　　　(6) 指定介護老人福祉施設　99
　　　(7) 介護老人保健施設　104

第1章 苦情と介護保険

本章では苦情を示すことの意味，苦情申立てシステムの目的，苦情申立て窓口の役割など利用者主体のシステムを具現化した介護保険制度上の苦情申立てシステムの意義や特性について理解する。

第1節 「利用者主体」の介護保険

1.「利用者主体」の志向

　社会福祉基礎構造改革（1998）において今後に要求される改革のキーワードの一つに「事業者と利用者の対等な関係の確立」があげられ，以降，こんにちにわたり，サービス提供における利用者主体のあり方が志向され，そのシステムづくりと同システムに基づく実践現場での取組みが行われている。

　「利用者主体」とは，これまでの福祉サービスが，ともすれば援助者側の都合や思惑によって影響を受け，必ずしも利用者の視点に立脚して供給されてこなかったことを反省し，改善するための新たなサービス理念であり，サービス利用者の選択性（自己決定），自律性などを尊重し，利用者を中心としたサービス供給を図っていくことが望ましいとするものである。

　ちなみに介護保険制度が導入される前の特別養護老人ホームにおける標準的な施設利用者の生活実態をみてみると，4人部屋の居室に住居し（約6割が4人部屋），夕方5時から5時30分の時間帯に食事（夕食）を摂り（約7割が同時間帯で実施），週に2回の午前中に入浴する（約9割が週2回の入浴）ということになっている（「全国老人ホーム基礎調査」全国老人福祉施設協議会，1994年）。限定された職員数で，著しい障害を有するため常時介護が必要な50名以上の利用者の生活を24時間態勢で行っていかなければならない条件下での実態ではあるが，一般の生活との格差は否めず，その生活実態にサービスを提供する事業者サイドの都合等が少なからず反映されるものとなっている。

　商品やサービスに価格が付けられ，市場化されることにより競争が生じ，そのことから質の

良いものを目指す一般的な経済的活動と比較して，同じ費用体系のなかで運営される措置制度上の福祉サービスにおいては，質の向上が図られにくく，また，サービス提供機関・施設間で格差が生じやすいシステムとなっていたともいえよう。

利用者と援助者との関係は，一方が希望するサービスを快く受け，他方が，できる限り利用者にとって満足できる充実感を味わうことができるような適切かつ効果的なサービスを実践する関係にあり（今井，1994），いうまでもなく援助者が「主」で利用者が「従」の関係にあることは適切ではない。

これからの高齢者介護のイメージとして，高齢者介護・自立支援システム研究会（1994年）の提言では「従来の高齢者介護は，どちらかといえば高齢者の身体を清潔に保ち，食事や入浴の面倒を見るといったお世話の面にとどまりがちであった。今後は，重度の障害を有する高齢者であっても，例えば車椅子で外出し，好きな買い物ができ，友人に会い，地域社会の一員としてさまざまな活動に参加するなど自分の生活を楽しむことができるような自立した生活の実現を積極的に支援することが介護の基本理念として置かれるべきである」として利用者の主体性の確保が主張されている。

高齢者などに対する福祉サービス・援助における利用者の主体性の確保においては，生理的欲求など人間の基底的欲求のみならず，自己実現の欲求など，より高次な欲求を含めて利用者のあらゆる欲求・ニーズに対応するものであることが要求される。それは精神的・社会的な視点を含めたアプローチであり，QOL（quality of life）の視点からのサービス・援助ともいえよう。

2.「利用者主体」が具現化されたシステム

高齢者などサービス利用者は，その心身状況や置かれている環境，そして，サービスを「受ける」という立場などから受動的なものとなりがちであり，対等な関係が築けるのか不安があるといえよう。

そこで，両者の対等な関係を保障し，特に弱い立場になりやすいサービス利用者側を支援していくためにバックアップするシステムが必要になる。そのシステムとして，成年後見制度や地域福祉権利擁護事業（現・日常生活自立支援事業）が創設されるなかで，利用契約についての説明書面の交付の義務づけが規定され，苦情解決システムが制度化されることになる。

サービス利用者の主体性を確保するための具体的なシステムとして要介護等高齢者を対象とした介護保険制度においては，契約制度に基づくサービス事業者の選択をはじめとして，サービス利用開始に際しての契約書に基づく契約の締結（説明と同意），介護計画書（ケアプラン）の作成等ケアマネジメントの実施，身体拘束・抑制の禁止，情報公開（情報公表制度等），そして，苦情窓口の設置と解決などをあげることができよう。さらには，介護保険制度を補完す

る権利擁護（成年後見制度など）も利用者主体を具現化するシステムとしてあげられよう。これらのシステムにおいては次のような機能が課せられているといえる。

① 情報公開

　提供されるサービスや事業所における経営にかかわる種々の事項について，第三者による確認や評価を踏まえて，一般に公開されることにより，透明性を確保し，サービスの選択に資する。

② 説明と同意

　利用者側，事業者側相互にサービス利用・提供上の契約を取り交わすことにより，あらかじめにサービス内容等についての確認をし，契約どおりのサービスを確保する。

③ ケアプランの作成

　利用者の個別性を尊重した一人ひとりのニーズに合わせたサービスを提供する。また，ニーズに応じて到達目標を設定し，多様なサービスを組み合わせ，調整したなかで，分担し，計画的にサービスを提供する。

④ 身体拘束・抑制の禁止

　サービス提供上において利用者に対する自由を拘束する行為（つなぎ服や拘束帯の着用など）を排除し，利用者の尊厳性を確保する。

⑤ 苦情解決

　国民健康保険団体連合会などにおいてサービス利用者やその家族などからサービス提供上の不満や不服の申立てを行う苦情受け付け窓口を設置し，解決する。

⑥ 権利擁護

　成年後見制度や日常生活自立支援事業など認知症高齢者など自らの権利を守ることに限界のある人たちに対して，代弁，代行などをもってその権利を守り，アドボカシー（権利擁護）を確保する。

3.「利用者主体」のサービス提供

　介護保険制度など社会福祉の利用システムが契約制度に移行していくなかで社会福祉の業界はサービス業として位置づけられるようになってきた。サービスに類似する用語として「処遇」「援助」「支援」などがあげられるが，これらの表現は「処遇」→「援助」→「支援」→「サービス」として過去から現在に至り変遷してきており，言葉の変遷の背景に利用者主体の志向がうかがわれる。

　福祉サービスは特殊な人を対象とするのではなく，サービスを必要とする人なら誰にでも開かれた，ごく当たり前の選択肢の一つであり，その利用はまさに顧客であるといえる（藤井，

2011)。

　「サービス」の語においては，「無料」「奉仕」など報酬なしの代替を想像したり，単に具体的な形をもたない財や価値を意味するものとしてとらえられることが一般的ともいえよう。確かに複数の国語辞典を引くと，いずれも「奉仕」を意味する説明がその一つに示されている。しかし，同時にそれらの辞典には，加えて，「来客が満足するような，心のこもった応対をすること」（新明解国語辞典）「相手のために気を配って尽くすこと」（大辞林）などの説明も記されている。

　ラテン語の「Servio」を語源とする「サービス」は，本来的にも「相手を尊重し，その幸せを希求する，すぐれた人間的行為を意味しており，無形の財というサービスの一般的な定義にとどまらず，サービスの提供者にとっては，相手が希望し，満足しうる援助の供給であり，サービスの受け手にとっては自己のニーズを十分に満たすに足る援助を選取すること」（徳川，1998）としてとらえられるものといえる。簡潔にしていえば，「サービス」とは，サービスを利用する者にとって，役に立ち，満足してもらえるような取組みや活動を総称するものとなろう。そして，その取組みにおいては，サービス提供者が「無料」「奉仕」という報酬を求めることなくあたる場合もある。

　このように「サービス」を解釈すれば，「（社会）福祉サービス」とは，生活全体の範囲から，サービスを利用する者にとっての幸せな暮らしを社会的に保障するために行われるすべての取組みや実践活動を意味するものとしてとらえることができよう。また，「（社会福祉）サービスの質」とは，その取組みや実践について，その良し悪しやどのような特徴や傾向をもつのかという観点から評価したものといえよう。

　こんにち，福祉サービスには，①良質なサービス内容の検討，②選択権の確保，③選択可能な十分な量のサービスの確保などが求められているが，これはサービスに込められる本来の語意に合致したものといえる。

　介護保険サービスを含めて社会福祉サービスすべてに共通して要求されている基本理念として，社会福祉法第３条（福祉サービスの基本理念）では「福祉サービスは，個人の尊厳の保持を旨とし，その内容は，福祉サービスの利用者が心身ともに健やかに育成され，又はその有する能力に応じ自立した日常生活を営むことができるように支援するものとして，良質かつ適切なものでなければならない」とされている。

第2節　苦情と苦情解決システム

1. 苦情解決システムのねらい

　苦情解決システムが創設されたねらいとして，主に次の2つがあげられよう。

① 利用者の権利擁護

　介護サービスを利用するのは高齢者等であり，その家族である。それも，寝たきりや認知症など要介護等の状態にある高齢者等である。介護保険サービスの提供は，その要介護等高齢者とサービス事業者が契約を結ぶなかで行われるものとなっている。

　出来高払いで利益が得られるサービス事業者との契約においては，場合によっては利用者側に不利なものとなる可能性があるともいえ，権利が侵害される可能性が指摘できる。苦情申立てシステムのねらいは，そうならないために，サービス利用者を守ることにあるといえよう。

② サービスの質の向上

　介護保険にかかわるサービス業の現状は，産業として未成熟の過程にあるといえよう。地域によって，事業所によって，サービスの量や質に格差があるのが実態である。全国的に平準化されたサービスが各事業所で提供されているとはいえない問題が指摘される。

　均質化された質の高いサービスを確保するためには，提供されているサービスを評価することが大切である。サービス利用者が，苦情を示し，事業者がそれを受けることは当事者である利用者や家族が直接的にサービスを評価することとなり，サービスの質的向上につながるものといえる。

2. 苦情を示すことの権利

　ケーキを5つ買ってきた。お金も5つ分を支払ってきた。しかし，箱を開けてみると4つしかケーキは入っていなかった。オレンジジュースを注文した。しかし，出てきたのはアップルジュースだった。ここに，買った品物（サービス）が，注文（想像）していたものと違ったことに対する不満が生じる。

　食堂に入って献立を見て何を注文しようか迷っていた。すると店員に睨まれるよう注文を催促された。ここに，対等な人間関係のなかで品物が購入（利用）できると思っていたのに相手に高圧的な態度を取られ，客としての丁寧な扱いを期待していたにもかかわらず，あしらわれたことに対する不満が生じる。

　予測していたものに対して「ずれ」や「差」が生じたときに，疑問や不満，不安をいだくこ

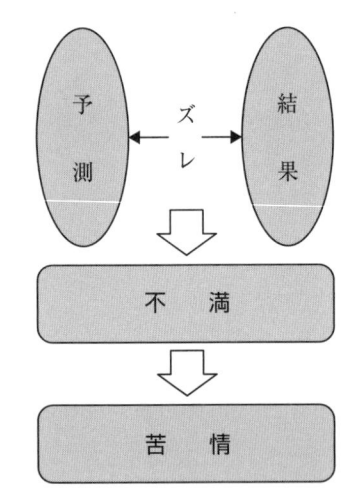

とになる。これに時間の経過や対応の不手際が重なると、さらに「苦情」へとつながっていく（國光,1999）。

従来の措置制度は、年齢、障害の程度、所得の多寡などの条件に照らしてサービス利用の可否が決定され、該当者に対して一定のサービスを提供するという仕組みであった。この制度においてはサービス利用希望者にとって、どのようなサービスが、どの程度に得られるのか、その結果としてどのような生活が営めるのかなどについて「予測」するだけの情報が十分に得られ難いという問題が指摘される。

苦情は「予測」と「結果」にズレが生じた場合に「不満」という感情にともない示されるものといえる（図表1-1「『不満』から『苦情』へ」）。利用するサービスについて予測がつかないなかでは「不満」という感情は生じ難く、予測と結果についての差を認識することはできない。

図表1-1 「不満」から「苦情へ」

（注）國光（1999）「苦情処理をめぐる対応のシステムづくり」（『月刊総合ケア』Vo.9. No.11）を参考に作成

また、措置制度においては利用者がサービスを利用した場合、利用料は所得に応じて負担（応能負担）するものとなっていることから（場合によっては無料であったため）、かりに予測していたサービスと実際に利用したサービスとの間に差があったとしても苦情として表明し難いシステムといえた。

介護保険制度において40歳以上の被保険者は保険料を毎月支払うことになっている。介護保険サービスの利用の有無にかかわらず保険料を支払うことになっている。加えて、サービスを利用した場合、利用料金を払うことになっている。その利用料金は、措置制度とは異なり、所得の多寡には関係なく、サービスの量の多寡に応じた定率の負担（応益負担）となっている。このように40歳から毎月、保険料を支払い、共通して定率の利用料金を負担するため、被保険者としての利用者にはそれに見合うだけの権利が保障されることになる。その権利の一つが苦情を申立てることができる権利である。

また、負担と給付の関係が明確になった介護サービスにおいては、サービス利用者は「お客様」という存在となり、サービス事業者はそのお客様の要求やニーズに応えるものでなければ商品としての介護サービスを買ってもらえなくなってしまう。すなわち、サービス利用者・家族に満足してもらえる質の高い介護サービスの提供なくして介護保険事業の経営は成り立たないものとなる。

3. 苦情の意味するもの

　措置制度時に比べれば契約制度としての介護保険制度においては苦情が示しやすい環境が整備されたといえよう。しかし，介護という分野のなかで苦情が実際に示しやすいといえるのだろうか，また，利用者が苦情を示すことにはどのような意味があるのだろうか。

　先述のとおり，サービス利用者としての要介護等高齢者はその心身状況や置かれている環境，サービスを「受ける」という立場などから受動的な存在となりがちであり，サービス事業者との対等な関係が築きにくい状況下にあるといえる。また，苦情申立ては，時間，気力，体力，集中力を要するものであり，プライバシーをさらけ出すものといわれている（國光，1999）。これらのことから，介護サービスにおいて利用者・家族が不満を示すことには抵抗感があり，苦情を申立てにくい立場にあるものといえる。

　もともと日本人の国民性として，一般的に良いことも悪いことも自己主張したがらない性格が指摘されている。介護の領域では一層そのような傾向が強いといえるだろう。「介護でお世話になっている人に対して苦情をいうなんてとんでもない」「文句を言うとサービスを打ち切られるのではないか」…そのような気持ちが想像できる。

　したがって，事業者側として，苦情がないから，うまくいっている，良質のサービスが提供されている，利用者は満足しているという捉え方は誤った理解といえよう。埋もれた苦情がたくさんあるはずである。顕在化していない，隠れ，潜んでいる苦情がたくさんあると思うべきであろう。一件の苦情のその背後に，その数倍，数十倍の苦情があるものと理解しなければならない。

4. 苦情を申立てる条件

　苦情は「予測」と「結果」にズレが生じた場合に「不満」という感情にともない示される。しかし「不満」という感情が，即，苦情申立てにつながるかといえば，そうではない。不満を感じていても苦情として申立てるには一般に次のような条件が必要になると考えられる（國光，1999　図表1-2「苦情申立ての条件」）。

　① サービス提供開始に際して手続きが行われた契約内容，サービス利用者個々に策定されている介護計画書（ケアプラン），サービス事業者が遵守しなければならない介護保険制度上に規定されている運営基準（厚生労働省令）などと，実際に提供されているサービスに差が生じていることが明らかであること。

　② 約束され，規定されているサービスと，提供されているサービスの間に認められる差について，その差を埋めてもらえるだろうという見通しがあること。

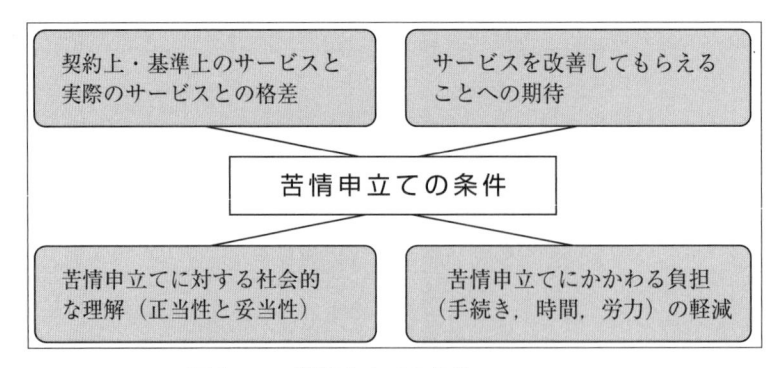

```
┌─────────────────┐      ┌─────────────────┐
│ 契約上・基準上のサービスと │      │ サービスを改善してもらえる │
│ 実際のサービスとの格差   │      │ ことへの期待       │
└────────┬────────┘      └────────┬────────┘
         └──────┐      ┌──────────┘
             ┌──┴──────┴──┐
             │ 苦情申立ての条件 │
             └──┬──────┬──┘
         ┌──────┘      └──────────┐
┌────────┴────────┐      ┌────────┴────────┐
│ 苦情申立てに対する社会的 │      │ 苦情申立てにかかわる負担 │
│ な理解（正当性と妥当性）│      │（手続き，時間，労力）の軽減│
└─────────────────┘      └─────────────────┘
```

図表1-2 苦情申立ての条件

（注）図表1-1に同じ

③苦情として申立てた場合に，その内容について申立側の主観的な理由や自己中心的な性格が認められず，正当性や妥当性を理解してもらえる可能性が社会的に得られることが予測されること。

④苦情申立てにおいて，特別な手続きを必要とせず，また，多大な時間や労力をともなうことなく，簡素な手続きや方法をもって行うシステムや体制が整備されていること。

以上のような苦情として申立てる場合に想定される条件からして，特に②にあげられている条件から，苦情申立ての行為は，申立てられる側としてのサービス事業者側等に対してネガティブ（否定的，批判的）な感情のみをもって示されるものではないことが理解できる。すなわち，サービス事業者側等に対して苦情を示した場合に，苦情として受け止め，改善してもらえるだろうという期待をもっての行為であることを認識することが大切であろう。

5. 苦情申立て窓口の設置と役割

　介護保険制度においては「指定居宅サービス等の事業の人員，設備及び運営に関する基準」（厚生労働省令）など運営基準による規定から，サービス事業者などが苦情申立ての窓口となって解決にむけて対応することが義務づけられている。介護保険制度にかかわる苦情申立て窓口は次のところに設置されることとなっている（図表1-3「介護保険制度における苦情解決システム」）。

① 居宅サービス事業者・介護保険施設

　介護保険サービスを提供している当事者である居宅サービス事業者や介護保険施設は苦情受付け窓口を設置し，サービス利用者から受付けた苦情に対して，迅速かつ適切に対応しなければならないこととされている。

　具体的には，苦情の受付けとその対応とともに，苦情窓口の連絡先，苦情処理体制及び手順

利用者・家族

居宅介護支援事業者
1. 自らが提供する居宅介護支援の質の評価（法80条）
2. 苦情に迅速かつ適切に対応（運営基準）
3. 自らの居宅サービス計画に位置づけた居宅サービスに対する苦情の国保連への申立に関して必要な援助（運営基準）
4. 市町村が行う調査への協力及び指導・助言に従った必要な改善（運営基準）
5. 国保連が行う調査への協力及び指導・助言に従った必要な改善（運営基準）

居宅サービス事業者
1. 自らが提供する居宅サービスの質の評価（法73条）
2. 苦情に迅速かつ適切に対応するために必要な措置（運営基準）
3. 市町村が行う調査への協力及び指導・助言に従った必要な改善（運営基準）
4. 国保連が行う調査への協力及び指導・助言に従った必要な改善（運営基準）

介護保険施設
1. 自らが提供する施設サービスの質の評価（法87, 96条）
2. 苦情に迅速かつ適切に対応するために窓口を置く等の必要な措置（運営基準）
3. 市町村が行う調査への協力及び指導・助言に従った必要な改善（運営基準）
4. 国保連が行う調査への協力及び指導・助言に従った必要な改善（運営基準）

【一般的な苦情】
第1次的な苦情解決対応
（介護サービスに対する苦情、要介護認定に対する苦情、保険料賦課に対する苦情など苦情全般）

【介護サービスに対する苦情のうち解決困難な案件】
・広域対応が必要
・中立性が必要
・市町村での事務解決困難
・そのほか（本人希望など）
※横出し・基準該当サービスは除く

市町村
1. 居宅サービス事業者等への調査（法23条）
2. 居宅サービス事業者等への改善指導・助言（運営基準）

国保連合会
居宅サービス事業者等への調査及び改善指導・助言（法176条）

【介護サービスに対する苦情のうち指定等基準違反のもの】

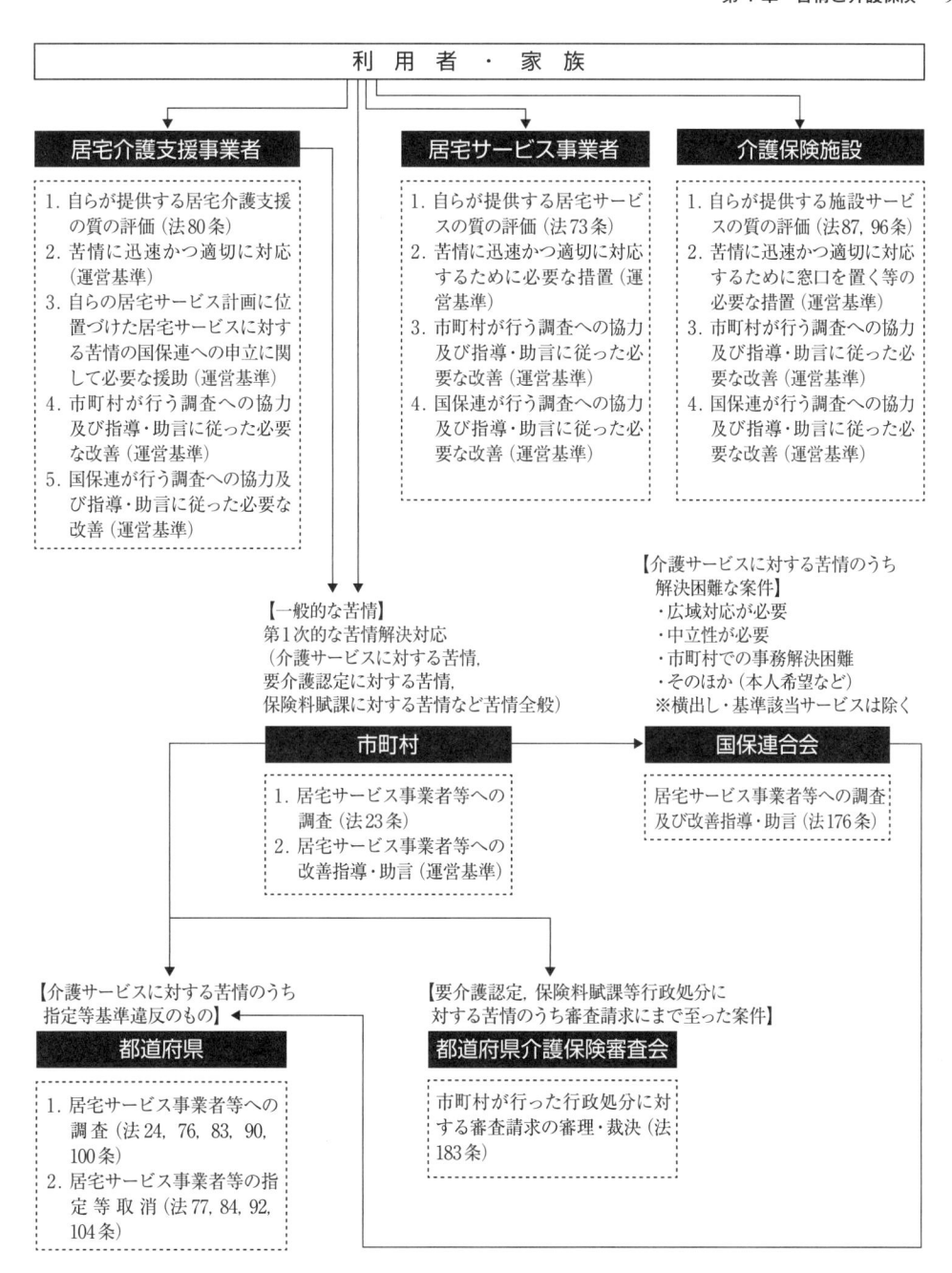

【要介護認定、保険料賦課等行政処分に対する苦情のうち審査請求にまで至った案件】

都道府県
1. 居宅サービス事業者等への調査（法24, 76, 83, 90, 100条）
2. 居宅サービス事業者等の指定等取消（法77, 84, 92, 104条）

都道府県介護保険審査会
市町村が行った行政処分に対する審査請求の審理・裁決（法183条）

図表1-3 介護保険制度における苦情解決システム

（出典）大阪府介護支援専門員現任研修テキスト、2000年を一部修正（浜田和則「第三者による苦情・要望解決の機能を活用した介護サービスの評価・改善」『トータルケアマネジメント』Vol.5, No.4. 2000年より）

を文書に記載して説明し，事業所に掲示すること，また，市町村や国民健康保険団体連合会が実施する調査への協力および指導・助言に従った必要な改善を行うこととされている。

なお，介護保険法とは別に社会福祉法（第5条）において介護保険事業者を含むすべての社会福祉を目的とする事業を経営する者に対して「その提供する多様な福祉サービスについて，利用者の意向を十分に尊重し，かつ，保健医療サービスその他の関連するサービスとの有機的な連携を図るよう創意工夫を行いつつ，これを総合的に提供することができるようにその事業に努めなければならない」ことが定められている。また，社会福祉法（第82条）では「社会福祉事業の経営者は，常に，その提供する福祉サービスについて，利用者等からの苦情の適切な解決に努めなければならない」として，事業者自らが利用者からの苦情解決にあたるべき責務を定めている。

② 市町村

介護保険の保険者が市町村（特別区を含む）であること，また，住民にとって身近な行政であることなどから市町村が苦情申立て窓口として位置づけられており，サービス事業者等への調査や改善指導・助言を行うこととなっている。介護保険の保険者としての責任や住民とのかかわりなどからして市町村は苦情解決の第一次的窓口として位置づけられている。

③ 居宅介護支援事業者

居宅介護支援事業者においても介護保険サービスにかかわる苦情を受付け，迅速かつ適切に対応する役割が課されており，さらに居宅サービス計画に位置づけた居宅サービスに対する苦情申立ての援助を行うこと，市町村や国民健康保険団体連合会が行う調査への協力および指導・助言に従った必要な改善を行うことも求められている。

④ 国民健康保険団体連合会

介護保険の保険者という立場でもサービス事業者という立場でもない国民健康保険団体連合会においては第三者的立場にあることなどから中立・公正性が確保できること，また，都道府県ごとに設置されていることから広域的な対応が可能であること，さらに介護保険サービス費の審査・支払い業務を通じて受給者やサービス事業者にかんする情報を共有していることなどから苦情申立て窓口として位置づけられており，サービス事業者に対する調査および改善指導・助言を含めての役割が課せられている。

国民健康保険団体連合会として苦情を受付ける際には，原則として市町村として取り扱うことが困難な場合や，市町村域を越える案件である場合，あるいは申立人が国民健康保険団体連合会での苦情申立てを希望する場合などが想定される。

このほか，指定基準違反が疑われる場合などは都道府県も調査することになっており，場合によってはサービス事業者に対し「指定取り消し」を行うことになっている。また，介護保険法での規定にはないが，苦情にかかわる団体などとして，各種相談所の相談窓口，ボランティ

ア団体，オンブズマン，あるいは，民生委員，保健師，医師，看護師なども想定される。さらに要介護認定などの保険給付にかんする不服については都道府県の介護保険審査会で受付けることとなっている。

　なお，都道府県社会福祉協議会に設置される運営適正化委員会における福祉サービスにかんする苦情申立て窓口も存在する。同委員会による苦情申立ては，社会福祉法に規定されるものであり，すべての社会福祉サービスを対象とするものである。そこでは相談を受け，申立人および事業者双方の合意のもとに調査を行い，解決の斡旋を行うこととされている。

第2章 苦情が申立てられる理由

> 介護保険サービスの苦情申立てにおいて，申立人はサービス事業者に対する複雑な思いが入り混じるなかで，いくつかの局面を経て申立てに至ることとなる。
> 本章では苦情申立に至ったケースから，申立人が苦情を申立てた理由について探ってみることにする。申立人には，どのような要因が作用して苦情申立に及ぶのか，申立人（サービス利用者の家族）に対する聞き取り調査[注1]に基づき構造化していきたい。

第1節 苦情申立てに至るまでの経緯と申立人の「思い」

苦情申立てに至るまでに申立人に影響した要因を整理したものが図表2-1（「苦情申立人に影響を及ぼした要因」）である。以下，時系列的にみていくことにする。

1．サービス利用に際しての「期待」と「不安」

家族においてはサービスを利用するにあたって，事業者に対する『期待』とともに『不安』という感情や，外部のサービスを活用して家族以外での介護をすすめることへの『抵抗感』を抱くことになる。

サービス利用にむけての『期待』では，サービスを利用することによって「家族による介護負担の軽減」が予測されること，介護にかんして専門的な知識と技術を有する職員による「専門的なサービス利用」が可能となること，サービスを提供する「介護職員はやさしく，親切な人たち」であろうということへの期待を抱くものである。

このような期待を抱く一方で，サービス利用に対する『不安』という感情も存在し，どのような内容のサービスが受けられるのか，どのような職員が担当するのかなど「サービスの内容についてのさまざまな想定」をし，期待しているサービスが当該事業者から提供されるのだろうかという「期待するサービス実現への疑問」と，利用者が，利用するサービスや事業者をう

図表 2-1　苦情申立人に影響を及ぼした要因

カテゴリー	サブカテゴリー	コード
1. サービス利用に際しての期待と不安	(1) サービス利用にむけての期待	家族による介護負担の軽減
		専門的なサービスの利用
		介護職員はやさしく，親切な人たち
	(2) サービス利用に対する不安	サービスの内容についてのさまざまな想定
		期待するサービス実現への疑問
		サービスへの利用者の適応
	(3) サービス利用への抵抗感	在宅での家族による介護への執着
		利用者に対しての申し訳なさ
		近隣，親類などの批判的な反応への心配
2. サービス利用にむけての手続き	(1) サービス内容についての説明不足	詳細な事前説明の未実施
		口頭だけによる説明
		事業者による一方的な説明
		説明を受けた内容の記憶の忘却
	(2) 事業者と利用者・家族による契約の不備	契約という行為の未認知
		契約書未使用による契約
		誓約書だけによる契約
		署名・捺印のない契約書
3. サービス利用以降のネガティブな評価への変容	(1) イメージしたサービスと実際のサービスとのズレ	説明を受けたサービス内容とは違うサービス
		職員間によるサービスの格差
		その時々によって異なるサービス
	(2) 情報伝達の不十分性	その都度の要望したことについての伝達の未実施
		利用者の変化についての伝達の未実施
		連絡簿の未整備
	(3) 誠意が感じられない事業者・職員の姿勢・態度	機械的な対応
		存在感の薄いリーダー
4. 不満表明にかかわる心の葛藤	(1) 事業者側へ不満・苦情を発することのためらい	「お世話になっている」意識
		我慢できない気持ち
		サービス停止への不安
	(2) 改善にむけての期待	不満を聞き入れ，改善してくれることへの一縷の望み
		他の利用者にもかかわる問題としての位置づけ
	(3) 改善が期待されないことへのあきらめ	不満に対する無理解
		不満解決への懐疑
5. 不満表明後の事業者側の納得のいかない対応	(1) 不満に対する曖昧な回答	指摘していくこととは直接的に関係のない回答
		おおまかで具体性に欠ける回答
		回答者による説明の差異
		謝罪の未実施
	(2) 時間の遅滞	長時間にわたる放置
		無反応な対応
	(3) 事業者側からの不満・おどし	退所・移動などを促す言動
		他の利用者との比較による否定的な評価
		問題の押し付け

まく受け入れ，馴染んでくれるのであろうかという「サービスへの利用者の適応」を心配する気持ちが交錯する。

さらには，サービス利用への『抵抗感』も感じており，介護のあり方として意識する「在宅での家族による介護への執着」，介護を外部のサービスに託してしまうことによる「利用者に対しての申し訳なさ」，世間体を意識しての「近隣，親類などの批判的な反応への心配」が存在する。

2. サービス利用にむけての手続き上の問題

サービス利用を正式に決定する手続きやプロセスにおけるインフォームドコンセント（説明と同意）にかかわる不備な状況（『説明不足』『契約の不備』）がサービス利用以降に混乱をもたらすものとなって作用する。

サービス内容についての『説明不足』では，事業者側からの具体性に欠けた「詳細な事前説明の未実施」や，資料などを視覚的な資源を活用することなく「口頭だけによる説明」など「事業者による一方的な説明」により，家族からして説明を受けた内容を記憶するには至らず「説明を受けた内容の記憶の忘却」をもたらすものとなる。

また，事業者と利用者・家族による『契約の不備』では，家族からして介護保険サービスを利用するうえでの契約という行為そのものがどのような手続きをもって行われるのかについて理解されていない「契約という行為の未認知」という状況のなかでの契約，契約書を用いることなく「契約書未使用による契約」や事業者側から利用者側に向けて一方的に誓約書をとるという方法による「誓約書だけによる契約」，契約書として成立しない「署名・捺印のない契約書」による契約などをもって支障をもたらす要因となっている。

3. ネガティブな評価への変容

サービス開始以降，『イメージしたサービスと実際のサービスとのズレ』が生じ，『情報伝達の不十分性』や『誠意が感じられない対応』がうかがわれるなか，事業者に対して否定的感情が増幅されていくことになる。

『イメージしたサービスと実際のサービスとのズレ』は，契約の際に聞いてイメージしていたサービスと，実際のサービスとの差に対する疑念をもつ「説明を受けたサービス内容とは違うサービス」，同じサービスを利用する場合においても担当する職員の違いによって認識や提供方法などが異なる「職員間によるサービスの格差」，継続的で均質的なサービスが維持されていない「その時々によって異なるサービス」によってもたらされる。

また,『情報伝達の不十分性』は,随時,サービスに対する気づきや要望などについて事業者に伝えていたことが組織全体としてうまく伝わっておらず,職員間で共有されていない状況を示す「その都度に要望したことについての伝達の未実施」,利用者の体調の変化などについての伝達が不十分である「利用者の変化についての伝達の未実施」,加えて,これら情報伝達に機能するシステムとしての事業者,家族間による連絡簿の活用が本来の役割を果たしていない状況や不備な状況を示す「連絡簿の未整備」によってもたらされることとなる。

　そして,期待どおりに提供されないサービス,発信しても伝わらない情報や要望という状況が『誠意が感じられない対応』という受け止め方を醸成することになる。感情のこもらない,淡々とした態度で応じる「機械的な対応」,責任者やリーダーという立場にある者からの対応が期待される場面においても,その存在がうかがえない「存在感が薄いリーダー」という状況が事業者側の誠意が感じられない印象を招くことになる。

4. 不満表明にかかわる心の葛藤

　サービス利用にかかわる事業者に対する不満という感情が増幅されるなかで,不満を表明することへの不安や『ためらい』とともに,不満を表明することによって改善してくれるのではないかという『期待』が存在する。

　事業者側への不満を発することへの『ためらい』は,事業者に対して直接的に不満を表明することに対して躊躇する心理的抵抗感を示す。サービス利用以降,期待するサービスや対応が感じられないなかで,不満表明というレベルに発展させての行為まで踏み込むべきか悩んでいる状況がある。その背景には,サービス提供に対する「お世話になっているという意識」,不満感情が増幅するなかでの「我慢できない気持ち」,事業者側の印象をより一層悪化させてしまい,現在,利用している「サービス停止への不安」が存在する。

　このような不満表明への『ためらい』がある一方で,不満表明することによってサービスが改善されるのではないか,事業者の対応が改善されるのではないかという改善にむけての『期待』も存在する。不満表明という踏み込んだ行為によって生じる事業者側への圧力により「不満を聞き入れ,改善してくれることへの一縷の望み」をもち,また,当該問題を個人的な問題としてだけとらえるのではなく,「他の利用者にもかかわる問題としての位置づけ」によって普遍化した問題としてとらえようともしている。

　このような『ためらい』と『期待』の相反する感情とともに,不満を表明しても改善は無理であり,表明するだけ無駄であるのではないかという改善が期待されないことへの『あきらめ』も存在する。それまでの事業者側の対応から想像されることとして,不満を肯定的に受け止めてはくれないのではないだろうか,不満というとらえ方ではなく,わがままとしてのとらえら

れるのではないだろうかという「不満に対する無理解」，事業者が不満として受け止めたとしても組織として解決することは無理であろうとする「不満解決への懐疑」が，改善が期待されない『あきらめ』につながる。

5．不満表明後の納得のいかない対応

改善への期待をもって不満表明された後，事業者側としての『曖昧な回答』や，対応に時間を要してしまう『時間の遅滞』，あるいは利用者・家族側にむけての『不満・おどし』など事業者側のネガティブな反応があって，不満という感情は憎悪という感情に変容し，信頼関係は崩壊することになる。

不満に対する『曖昧な回答』としては，「指摘していることとは直接的に関係のない回答」や「おおまかで具体性のない回答」がなされ，要求された回答にはなっていない状況や，事業者側の回答に窮している状況，また，対応する担当者が不特定で，不満解決にむけての体制が整えられていない状況からの「回答者による説明の差異」，さらには，不満表明後に期待される事業者側からの謝罪について実施されていない状況や不十分なものとして受け止められている「謝罪の未実施」があげられる。

『時間の遅滞』は，不満を表明した後の時間経過において長時間を要している状況としての「長期間にわたる放置」，あるいは，不満としての受け止め方をしていないという反応や不満表明を無視した反応として「無反応な対応」という状況からもたらされる。

『事業者側からの不満・おどし』は，不満表明によって事業者側の家族側に対する批判的な行動が表面化している状況を示す。「退所・移動を促す言動」や「他の利用者との比較による否定的な評価」があったり，「問題の押し付け」があったりすることを意味する。

第2節　苦情申立ての特徴

1．積み重なる「不満」

苦情の申立てに至る場面としては，① サービス提供開始前，② サービス提供開始以降，③ 不満表明以降の3つに分けることができ，それぞれの場面ごとに苦情申立てに作用する要因が存在している。すなわち，① サービス提供開始以前の場面において【サービス利用に際しての期待と不安】と【サービス利用にむけての手続き上の不備】にかかわる要因が発生することをはじめとして，その後，サービス提供が開始されて以降の場面に移行して【サービス利

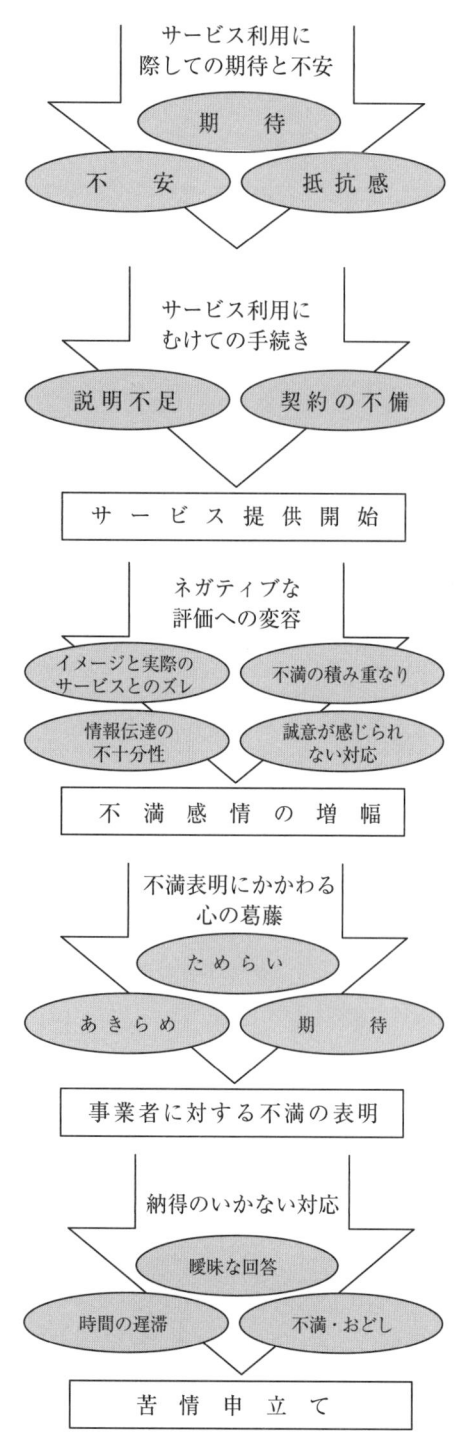

用以降のネガティブな評価への変容】にかかわる要因が加わり，事業者に対する不満感情が醸成されるとともに，【不満表明にかかわる心の葛藤】にかかわる要因が生じるなかで揺れ動きながら不満表明という行為に至ることとなる（図表2-2「苦情申立てに至るまでの経緯と申立人の『思い』」）。

しかし，不満の表明という場面に移行して以降も【不満表明後の事業者側の納得のいかない対応】にかかわる要因が発生することから，苦情申立てという行為に至ることになる。

3つの場面で生じた苦情に作用する各要因は，発生した場面においても，その次に移行した場面においても除去されないままに保持され，加えて新たな要因が発生するなかでより強化されて作用することになる。

このように苦情申立てに作用する要因はサービスが提供される以前から発生し，一つの要因だけではなく，複数の要因が積み重なるなかで形成されていくものとなっている。そして，苦情の申立ての要因が積み重なるにしたがって，不満という感情が増幅され，不満という感情の域を超え，当事者間での問題解決に限界を生じさせることとなる。

2. 不満表明に含まれる「批判性」と「肯定性」

介護サービスの領域における利用者側から発せられる不満の表明は，他の領域における不満の表明に比べて示しにくい状況があるものと考えられる。

それは，ひとつには家族の面倒は家族でみるというわが国の伝統的な家族制度に基づく価値意識

図表2-2　苦情申立てに至るまでの経緯と申立人の「思い」

（フロー図：サービス利用に際しての期待と不安〔期待／不安／抵抗感〕→サービス利用にむけての手続き〔説明不足／契約の不備〕→サービス提供開始→ネガティブな評価への変容〔イメージと実際のサービスとのズレ／不満の積み重なり／情報伝達の不十分性／誠意が感じられない対応〕→不満感情の増幅→不満表明にかかわる心の葛藤〔ためらい／あきらめ／期待〕→事業者に対する不満の表明→納得のいかない対応〔曖昧な回答／時間の遅滞／不満・おどし〕→苦情申立て）

に裏づけられるものであり，外部のサービスを利用することにより家族に課せられている役割を放棄して事業者に任せてしまうという後ろめたさの意識が存在すること，いまひとつに，不満の表明がサービス利用継続を困難なものとさせてしまう事態を招く可能性をもつこと，特に多数の待機者が存在する介護老人福祉施設など介護保険施設サービス利用の場合，退所に至ることも想定されるなどのことがその背景にあげられる。

他方で，サービスを利用することに対して，専門的なサービスが受けられる，介護負担が軽減できるという期待，あるいは，不満を表明することに対して，不満を聞き入れ，改善してくれるという期待の意識が存在する。

批判的性格をもつ不満表明だけではなく，問題解決につなげることを期待する肯定的性格を含む不満表明という特性がうかがわれることから，不満表明は介護保険サービスや事業者においてマイナスに作用するだけではなく，プラスに作用するものとも考えられる。

3. 家族による苦情申立ての経緯

家族による苦情申立てのプロセスを整理すると，「要介護高齢者をかかえる家族が，サービス利用に際して期待と不安を抱いて，サービス利用にむけての契約に臨んだものの，曖昧な説明，契約上の不備が目立ち，また，期待どおりのサービスが利用できず，要望や情報が伝わらないなかで不満が高じ，不満表明へのためらいを持ちながらも不満表明に至るも改善されないままに苦情申立てに及ぶ」という構造が描きだされる。

このような家族による苦情申立てプロセス形成においては，介護負担にともないサービス利用への期待が高齢者本人より家族が高いと思われること，契約の場面での手続きや事業者とのかかわりについて家族が中心となっていること，高齢者本人に比べてサービスの内容，事業者の対応などについて一定の距離を保ちながら冷静に評価できることなど家族の特性が影響を及ぼしているものと考えられる。

4.「不満」への対応パターン

不満が生じた段階での事業者側の対応が，その後の利用者・家族の苦情申立てにむけての行動を左右することになる。図表2-3（「不満から苦情申立てに至るまでの事業者の対応」）はサービス利用者・家族に不満が生じた際の事業者側の対応をパターン化したものである。

不満が利用者・家族から表明されるケースや表明されない場合でも事業者側として察知するケースの場合，確認された不満に適切に対応することにより不満の解消につながる可能性は高まる。しかし，不適切な対応となれば不満は増幅することとなり，苦情申立てにつながること

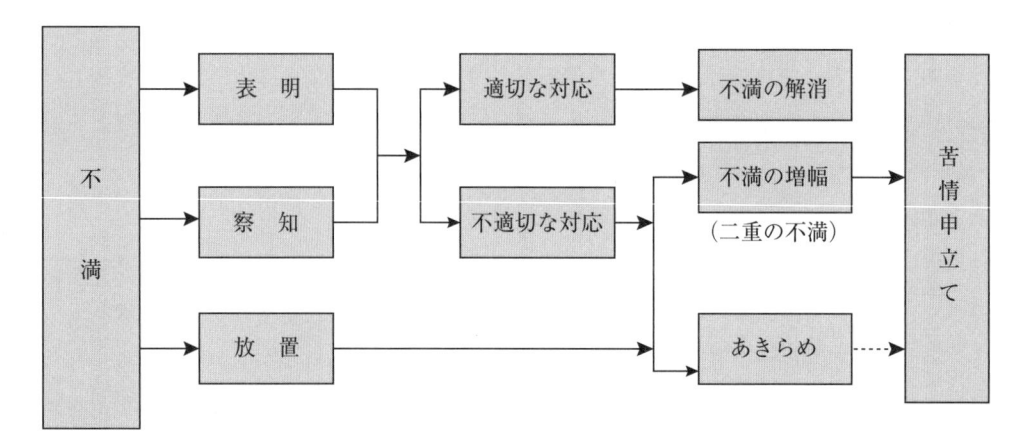

```
不満 ─→ 表明 ─┬→ 適切な対応 ─→ 不満の解消
     察知 ─┘  不適切な対応 ─→ 不満の増幅（二重の不満）─→ 苦情申立て
     放置 ──────────────→ あきらめ ┄┄→
```

図表 2-3 不満から苦情申立てに至るまでの事業者の対応

になろう。また，不適切な対応に対し，あきらめの気持ちをもって苦情申立てへの行動が回避された場合においても，不満感情は軽減，消滅されるものではなく，持続し，苦情申立てという行動をもって再燃することも考えられる。

　不満が放置されるケースも想定される。この場合の放置とは，事業者側として不満を察知し，把握していたにもかかわらず無視してしまう放置もあれば，利用者・家族の変化などに気づくことなく，不満を把握できていないなかでの放置もある。いずれの放置ともに，利用者・家族の反応はネガティブ（批判的）なものとなり，不満の増幅，あるいはあきらめの感情を経て苦情申立てに至ることが想定される。

5. 介護保険サービスの独自性

　介護保険サービスの特徴として，例えば措置制度によるサービスや医療機関における医療サービスと比較した場合，まず，サービス利用開始時の手続き上の違いがあげられる。介護保険サービスにおいては契約書（書面交付）を含め説明と同意のプロセスが明確に規定され，同プロセスを経てサービスが開始されることになるが，措置制度サービスにおいてはそのような規定は明文化されておらず，医療サービスにおいても患者が診療などを求めて病院等を訪れ，医療機関側が患者の求めに応じて診療をはじめれば医療契約は成立したとみなされ，医療機関側の承諾の方法は自由となっている。

　また，介護保険サービスにおいてはサービス計画（ケアプラン）の作成と利用者の同意が義務づけられており，具体的なサービスが提供される以前のプロセスとして設定されているが，同様のことやそれに類似することが措置制度サービスでは設定されておらず，医療サービスに

おいても入院の場合など一部の医療サービスを除き医療法上には規定されていない。

　介護保険サービスにおいてはこのような契約時の手続きやサービス計画作成時のプロセスによって，措置制度でのサービスや医療サービスに比べてサービス利用開始前に，どのようなサービスがどのように利用できるのか一定のイメージが描きやすくなり，そのイメージと実際のサービスに差がある場合，不満が生じやすくなるものと思われる。

　次に，介護保険サービスにおいては利用者主体の理念に基づき事業者をはじめ複数の苦情申立て窓口の設置が介護保険法上に規定されているなかで，このようなシステムが明確に規定されていない措置制度でのサービスや医療サービスなどと比べて不満表明をしやすい環境にあるともいえ，不満表明および苦情申立てにむけての行動を苦情解決システムが後押しするものとなっていると考えられる。

　措置制度でのサービス，医療サービスともに広く対人支援サービスであることから，介護保険サービス同様に，利用するサービスに対して不満意識を持つなかでは不満表明にかかわる心の葛藤の場面に生じる，ためらい，あきらめ，期待が交錯すると考えられる。しかし，その結果として，サービス提供者側にむけての不満表明や苦情申立てが行われるかについては，苦情解決システムが確立されている介護保険サービスに比べて措置制度サービスや医療サービスの場合，消極的なものとなろう。

　これまでにこの章で述べてきた苦情申立人の苦情申立てに至る思い構造についてまとめてみると次の6つに集約できよう。

① 時間的連続性

　苦情申立てに作用する要因については，サービス提供以降の場面において発生するばかりではなく，既にサービスが提供される以前の場面から発生し，さらに不満を表明して以降の場面においても時間的に連続化したなかで発生する。

② サービスの質的低下の常態性

　サービス提供開始以前，サービス提供開始以降，不満表明以降の場面ごとに事業者の不適切な対応が散在的に認められ，サービスの質的低下が組織的に常態化している状況のもとに苦情申立てが発生する。

③ 不満感情の重積性

　時間的に連続化したなかで苦情に作用する要因が継続して発生するなかで，その度に不満感情が生じ，同感情が積み重なり，倍化していくこととなる。重積化する不満は，不満の感情の域を超えた感情へと変容し，苦情申立てに至る。

④ 不満表明の抑圧性

　家族介護に対する社会的な価値観，サービスの未整備などを背景にして，介護保険など介護領域サービスにかかわる不満表明においては，抵抗感をともない，躊躇する意識が潜在する。

⑤ 批判性と肯定性の表裏性

　苦情申立てにおいて事業者の不適切性な対応にともない不満感情が積み重なるなかで事業者に対する批判性が表面的に出現するとともに，他方，問題解決につなげることを期待する肯定性を裏面に内包する二面性を含む。

⑥ 権利擁護システムの後押性

　介護保険法上に苦情申立てを規定する権利擁護システムが不満表明や苦情申立て機関への苦情申立ての行動を後押しするものとなって作用する。

　以上，6つにあげられる苦情の構造的特徴において，①の時間的連続性において特にサービス提供開始以前の場面から苦情要因が生じること，③の不満感情が重積化した構造においてサービス利用に対して利用者本人にも増して高い期待を持つ家族において醸成されやすいこと，⑥の苦情申立て機関が整備され，権利擁護システムが制度化された環境が不満表明や苦情申立ての後押しとなって作用し，苦情申立てに至ることなどについては，医療サービスなどと比べての介護保険サービスの構造的な特徴として強調されるものといえる。

注1）聞き取りの対象者は，過去，介護保険サービスを利用していた，あるいは，現在，介護保険サービスを利用している要介護等高齢者の家族で介護保険法上に規定される苦情申立て機関に対してサービス利用にかかわる苦情を申立てた経験のある者13名である。

　調査対象者に対して，調査の目的と方法，データ処理方法，結果のまとめ方などについて説明するとともに，調査協力の任意性と撤回の自由，途中辞退の自由，調査協力に伴う利益と不利益，プライバシーの確保，データ保管，調査結果の公表に際しては地域や個人名を特定しないことを説明し，同意を得た。

　倫理性を確保したうえで筆者が調査対象者に対して個別に半構造化面接を行った。聞き取りの内容は「苦情の訴えに至った理由は何か」「苦情の訴えに対して事業者はどのように反応し，対応したか」について自由に語ってもらった。

　得られたデータにおいては，帰納的アプローチによる定性的データを処理する方法としてのKrippendorff（1999）によるメッセージ分析法（内容分析）に基づいて分析を行った。

　同分析法はメッセージのある特定の属性を客観的かつ体系的に同定することによって推論を行うためのデータ分析法である。同分析法においては具体的にはデータとして記録されている文脈を特定の分析単位に分割し，集約（カテゴリー化）しながらメッセージ性のある因子を抽出，整理したうえで，因子相互間の関連性を検討し，体系化（構造化）しながら，現象を推論していく探索するものである。

　分析の結果，苦情申立てにかかわる要因として抽出された項目は48にのぼった。項目の類似性や相違性によってカテゴリーに分類した結果，15のサブカテゴリー，5のカテゴリーが抽出できた（図表2-1「苦情申立人に影響を及ぼした要因」14頁）。

第3章 苦情申立ての内容と結果 ―20の事例から―

　本章では苦情申立てのあった実際の事例について，居宅サービス，施設サービスなど介護保険の主なサービス20事例をとりあげることにする。事例ごとに，申立内容，苦情処理機関（国民健康保険団体連合会）による調査結果，事業者への指導・助言を踏まえて解説する。
　なお，ここで取りあげる事例については，既にこれまでに公表されたものを基礎として，記載されている内容はすべて固有名詞を使用せず，特定されないよう倫理的配慮を行った。

1. 訪問系サービス

事例1　訪問介護「契約とは異なるサービス」

【申立内容】
　ケアプランでは，朝，夕2回の家事援助サービスの提供となっていたが，夕方の家事援助サービスはほとんど提供されていなかったにもかかわらず料金を徴収された。

【調査結果】
(1)　口頭による内容等の説明および利用者の同意は得ていたが，文書を交付しての説明および利用者の同意は得られていなかった。
(2)　ケアプランに基づいてサービスの提供は行われていた。
(3)　サービス提供内容は利用者の家族に対する家事および雑談であった。

【指導・助言】
(1)　サービス内容などに関する「重要事項」については，分かりやすい説明書やパンフレットなどの文書を交付して，説明を行い，同意については利用者および事業者双方の立場から書面によって確認を行うこと。
(2)　訪問介護の家事援助は，掃除，洗濯，調理等など本人の日常生活のためのサービスであり，本人以外の部屋の掃除などは家事援助の対象とならないことを利用者側にもよく説明し，理解を得ること。

【解　説】

　本事例は契約上に確認されていた内容のサービスが提供されなかったことに対する苦情である。利用者側が事業者側から聞いていたことと，実際に利用しているサービスにズレが生じるなかで不満感情が増幅し，苦情申立てに至ることとなる。

　双方の認識にズレが生じる背景として契約手続きの不備があげられる。すなわち，契約手続きが口頭だけで行われていることから，時間経過のなかで「聞いた」「聞いていない」，「話した」「話していない」の，いわゆる水かけ論に陥ってしまい，当初の契約の内容がどのようなものであったのか確認することができない状況を招くこととなってしまっている。

　介護保険サービスにおける契約においては，サービス利用者側に対して事業者側から重要事項など示して，分かりやすく説明し，納得してもらうことが必要であるが，その際に双方で合意した証になるのが契約書の交付であり，書面により取り交わされることをもって成立することとなる。口頭のみによる確認では契約という行為は基本的には成立したものとはみなされない。

　提供されていたサービスの内容が訪問介護サービスの対象とはならない雑談だけになってしまっていたことについても，契約上の不備からもたらされており，事業者側の曖昧な説明が雑談を訪問介護サービスの対象として家族側に理解させてしまったといえる。雑談のみのサービスをサービスの対象として認識していたのは事業者側にも指摘され，介護保険サービスにかかわる運営基準（厚生労働省令）（以下，運営基準）への理解が不十分であったといえる。

事例2　訪問介護「サービス提供拒否」

【申立内容】

　事業者から十分な説明がないままに訪問介護員（以下，ホームヘルパー）派遣を中止された。

【調査結果】

(1) 契約の際にホームヘルパーはローテーションで派遣することや指名はできないことを利用者に説明している（申立人が特定のホームヘルパーを指名することに対して）。

(2) 利用者に対する介護方法がホームヘルパーにより差が出ていたため，その日のうちに報告を聞き，統一的に対応するようにした。

(3) 利用者かホームヘルパーの指名，変更を何回も言われた。また，利用者の都合で直前にサービス内容，日程を変更させられた。

(4) ホームヘルパーに対する嫌がらせ的な言動があった。

(5) サービス提供を拒否した理由

　　度々の活動内容及び訪問指定日の変更に対し，他の利用者との調整，ホームヘルパーの活動時間の調整が困難であった。ホームヘルパーを指名されたが，度々変更され，利用者の指

名の条件が理解できなかった。

ホームヘルパーの活動内容からして利用者の要望に応えることができなかった。

(6) サービス提供を中止することについては利用者が同意されているかどうかは分からない。しかし，家族には説明した。

【指導・助言】

(1) 「重要事項」の説明と同意にかんして今後とも留意のうえサービス提供を行うこと。
(2) 利用者とホームヘルパーとの間の出来事は常に上司が把握するように努めること。
(3) 利用者からの要望や苦情に対応する報告体制などの整備に努め，それに基づく職員に対する研修により周知すること。
(4) ホームヘルパー間でサービス内容に違いが出ないようにサービスの「質」の向上を念頭において内容の均一化および意思の疎通を図ること。

【解　説】

本事例はサービス提供が停止されたことに対する苦情である。ホームヘルパーの派遣が事業者側から一方的に停止されたことへの不満が苦情申立てに至ることとなる。

事業者側がホームヘルパー派遣を停止した理由としてあげられているのが利用者側からの度々のホームヘルパーの指名変更があったこと，要望されるサービス内容に応えることができないことなどである。

他方，利用者側がホームヘルパー指名を変更した理由はホームヘルパーによるサービス内容の差であった。ホームヘルパーによってサービス内容に差が認められ，それを指摘しても改善されないからこそホームヘルパーを指名せざるを得なかったという理由である。利用者側からのホームヘルパーによる差の指摘，その差をそのままに放置し，改善しなかったこと，ホームヘルパー指名に応じなかったことなどについて，事業者側は組織全体として共有できていなかった。

担当職員によるサービスの格差に対する改善，組織としての判断や対応，利用者側からの要望に対する対応については事業者側の問題として指摘できるものである。カンファレンス，記録，マニュアルなどを活用してのサービスの格差の改善，職員間による情報共有や組織全体として問題に取り組む体制の整備，利用者と事業者の意思疎通が要求される。

事例3　訪問介護「希望が尊重されないサービス」

【申立内容】

ホームヘルパーの言葉遣いや食器の後片付けなどに不満がある。また，希望する買い物サービスを行ってくれず，サービス提供の方法（時間）に不満があるが，事業者側がその希望に応じてくれない。

【調査結果】
(1) 申立人の指定するスーパーへの買い物は時間がかかり，現在のサービス時間を延長せずに提供しているサービス内容を遂行することは難しいと判断したため行わなかった。
　言葉遣いについては，該当するホームヘルパーは声が高く，大きいため，高圧的にとられたのではないか。該当ヘルパーは担当を変更した。
(2) ホームヘルパーの訪問においては当該利用者宅を訪問する前の利用者宅での都合や体調等で時間がずれ込むことがある。また，サービス提供時間が予定より早く終了されている理由については，当該利用者は身体的な不自由はあるが意思がはっきりしておられ，ホームヘルパーに指示を出され，帰ってもらっていた。
(3) 当該利用者本人の希望どおりのケアプランを作成していた。
(4) 苦情に対する情報収集については意見箱を設置しており，そのなかに1件苦情があった。これまで事業者側に利用者側から示された意見は苦情ではなく，要望と考えている。

【指導・助言】
(1) 当該利用者のモニタリング記録では日常生活を送るうえで具体的にどのような課題を抱えているのか見えてこない。着実に自宅で面接を行い，どのような日常生活を送っているか現場で把握することが必要である。
　当該介護支援専門員は訪問介護サービス提供の時間帯が継続的に変更されていることや，サービス内容等の把握が不十分であった。詳細にアセスメントを行い，適正なサービスが実施されているか確認すること。
　当該介護支援専門員は，当該利用者の意思に重きを置き，居宅サービス計画を作成してきたとのことだが，その家族である申立人との信頼関係，協働関係が構築されていたとはいい難い。申立人から当該利用者の生活状況の聞き取りや申立人が行える介護の状況（買い物や調理等）も詳細に把握することが必要であり，その記録なども整備しておくこと。
(2) サービス提供責任者として，サービスが正確に居宅サービス計画書の予定時間に実施されているかどうか把握することは重要な義務である。早急に勤務体制を見直し，全利用者宅へホームヘルパーが居宅サービス計画書どおりに訪問できるかを確認し，調整すること。
　台所の片付けや食材の管理等への指導は，担当者が誰であったか特定できていないため具体的な指導は行っていないとのことであったが，当該利用者の各担当ホームヘルパー一人ひとりに指導を行い，再び繰り返さないように徹底させること。その他，定期的にホームヘルパー全員を集めてのミーティングや研修を行うなどホームヘルパーの情報の共有の場をつくることが重要である。
(3) 提出された訪問介護計画書には，実際に提供されていたとされる就寝介助についての記載もなく，居宅サービス計画にはない生活援助サービスの記載があるなどして，居宅サービス

計画にのっとったものとは判断できない。適正なサービスが行われているかの指標として訪問介護計画書は重要であり，各利用者にどのようなサービスを実際に提供しているのか具体的に表し，記録に残しておく必要がある。申立人は，希望する買い物サービスについて事業者側が出来ない理由を理解されていないようである。今後は利用者側が納得されるような十分な説明を行うこと。

(4) 今回の申立てに対して苦情という認識はなく，申立人からの要望として捉えられていたため，その対処が遅れてしまっているのではないかと考えられる。

　苦情に関する情報に対しては，一つひとつ詳細に検討し対処し，その記録を残すこと。そして，その情報が一つの部署に留まらず，苦情解決システムの責任者まで迅速に把握できる体制づくりなどについて検討することが求められる。

【解　説】

本事例は提供されているサービスについての質や利用者側として希望どおりのサービスが利用できなかったことに対する不満から生じた苦情である。

　サービスの質については，ホームヘルパーの言葉遣いなどをもっての指摘であり，職員の質が問われるものであった。介護保険法にうたわれている「利用者主体」の理念からして，サービス利用者と事業者との関係がどのようなものであるべきなのか，関係性は言葉や態度に反映されなければならない。その認識が担当するホームヘルパーに不足していたこと，また，組織としての指導がなされていなかったことの問題が指摘できる。

　希望どおりのサービスの利用ができなかったことについては，①ケアマネジメントの不十分性（アセスメントによるニーズの把握，ケアプランに基づくサービスの提供，モニタリングによる確認や評価などが適切に実施されていない），②情報共有の不十分性（サービス記録，ミーティング，ケアカンファレンス，研修会など適切に実施されていない），③苦情対応体制の未整備（苦情に対する認識の欠如，システム体制の未整備）が作用しているものと考えられる。

　介護保険制度上の理念，サービスの目的，サービス内容にかかわる諸規定の理解が組織全体としてなされないなかでサービスの質の低下をもたらし，統一性が欠如したなかで発生した事例といえる。

事例4　訪問入浴介護「説明不足」

【申立内容】

　事業者のスケジュールの都合で訪問入浴介護が利用できず，事業者に何とかしてあげようという姿勢がみられなかった。訪問入浴介護の際，シーツ交換をお願いし，事業者側および利用者側双方合意して実施してもらっていたが，サービス時間がオーバーするという理由で訪問入

浴介護とは別に訪問介護を入れて欲しいとの申し出が事業者側からあったことに納得ができない。

【調査結果】
(1) サービス提供時間などを含め内容の一部を変更した重要事項説明書を新様式に変更したが，利用者側には交付しておらず，また，説明もしていなかったため，利用者側はサービスの提供時間が変更になっていたことを知らなかった。
(2) 担当者会議では，事業者として利用者のことを第一に考え，シーツ交換で対応するという結論になった。シーツ交換が大変であることは当初から分かっていたが，利用者の気持ちへの配慮から努力してみようということで約束をした。
(3) 利用者は認知症もなく，利用者に入浴サービスが中止になったことを伝えておけば利用者自身で家族に伝えてくれると思い，家族には連絡しなかった。
(4) 今回の件で第三者委員会は開催されていない。

【指導・助言】
(1) サービス提供の同意を得る場合は，重要事項を記した文書を交付して懇切丁寧に説明を行い，利用者および事業者双方の立場から利用者および事業者双方に署名・押印した契約書等によって確認すること。

　　また，重要事項や利用契約書の様式変更やサービス内容，提供時間帯等に変更があった場合は必ず利用者側に対して十分に説明を行い，同意を得るようにすること。
(2) 第三者委員会を定期的に開催し，サービス事業者側あるいはサービス利用者側の問題点を提案し，第三者委員との意見交換を行うなど利用者のオンブズマン的役割でもある第三者委員をもっと活用すること。

　　定期的な第三者委員会の開催が困難な場合は，事業所の状況報告などを第三者委員に送付し，第三者委員からの意見を聴取することもあわせて検討すること。
(3) 利用者の医療機関への通院や入院などについては，介護支援専門員や利用者およびその家族に対して状況を確認し，サービス提供の実施漏れを防止するように十分留意する必要がある。
(4) 介護保険制度は利用者（家族を含む）と事業者の双方が納得し，同意したうえでサービスが提供されるものであり，たとえ口約束により双方で合意したとしても事業者として履行するように努力すること。かりに契約の履行が困難になった場合は，カンファレンスなどで十分に検討を行い，利用者およびその家族に対して契約の履行ができなくなった理由などを十分に説明し，理解や同意を得るようにすること。
(5) 利用者およびその家族からの要望や比較的に軽微な苦情や相談についても各セクションで留置くのではなく，供覧などで上司に対しても報告を行うなど事業所内での報告体制の見直

しを検討する必要がある。

【解　説】

本事例はサービス提供過程における利用者家族に対しての説明の不足やコミュニケーションの不足によってもたらされた不満から生じた苦情である。

利用者や家族においてはサービス利用が経過していくなかで，サービスの内容，サービス提供方法などについて想定していたものとの違いや変容していくことに対してデリケートに反応する。しかし，介護サービスの特性上，利用者の立場においては事業者に対する不満感情をストレートに表出できるケースよりも，抑制されてしまうケースが多いものと考えられる。本事例を含めて不満感情の加積と抑制が繰り返されるなかで，苦情申立てに至るケースが一般的であるといえる。

相手の立場に立って考え，判断することの大切さは介護保険サービスに限らず，サービス業全般について，さらにはすべての人間にむけての対人関係を図るうえでの指摘であるともいえようが，日々継続されるなかで業務はマンネリ化し，無意識に自らの立場を優先させてしまう傾向にある。

事業者においては常にサービスを利用する側の立場に配慮したサービスをこころがけ，コミュニケーションを図りながら，分かりやすい説明，細めな連絡，その都度の確認を行っていくことが大切である。

事例5　訪問リハビリテーション「契約の解除」

【申立内容】

訪問リハビリテーションにかんする情報（実施した内容等）を求めても提示はなく，また，提示できない納得のいく理由の説明や協議もなく一方的に断られた。また，サービス担当責任者から利用者側に対して軽率な失言・暴言があった。さらに事業者側から訪問リハビリテーションの実施について一方的に契約を解約することが伝えられ，その理由についての説明がない。

【調査結果】

(1)　サービス提供に際しての重要事項説明書および利用契約書はない。

(2)　申立者側が主張する軽率な発言・暴言については，利用者側，事業者側の両者で言い分が違い，事実は確認できなかった。

(3)　サービス提供の解約については解約の状態ではなく，休止の状態で利用者側からの連絡を待っているとのことである。しかし，利用者側は事業者側からの連絡を待っている状態との言い分で事実は確認できなかった。

(4)　事業者側として今回のケースは苦情としては捉えておらず，要望であり，その都度対応を行っていたので第三者委員の必要はないと判断し，報告は行っていない。

(5) サービス実施にともなう記録が十分ではなかった。

【指導・助言】

(1) サービスの提供にあたっては，双方納得のいく契約書を取り交わすことが必要であるので「重要事項説明書」および「利用契約書」を作成し，利用者側と十分に話し合いを行い，契約の締結を行うこと。

(2) 利用者側から訪問リハビリテーション実施後の内容について情報開示の申出があっているので，情報提供を行うことを前提に利用者側と提供内容などを含めて十分に話し合いを行うこと。

(3) 利用者側と事業者側との間で行き違いがあったということで，当該利用者に対する訪問リハビリテーションが休止状態となっている。たとえやむを得ない事情等によりサービス提供を休止するような場合があるとしても，利用者側の意向確認等を必ず行うなどしてサービス提供が休止状態にならないように努めることが必要である。また，再開に当たっては利用者側と十分な話し合いを行うこと。

【解 説】

本事例は事業者側と利用者・家族側との意思疎通が図られていない状況のなかで，お互いにネガティブ（批判的）な感情が増幅し，契約の解約に至ることから申立てられた苦情である。

事業者と利用者・家族の双方がネガティブになってしまった起点に，インフォームドコンセント（説明と同意）の段階における問題点が指摘される。重要事項の説明，契約書の交付がいずれも不十分であったことから，利用者・家族側の立場からして納得のいく契約が取り交わされておらず，曖昧な説明や手続きにより誤解を招くこととなってしまっている。

曖昧な説明や手続きは，サービス提供開始以降，利用者・家族側の不満を発生させ，事業者側に対する疑心暗鬼を深めることとなる。事業者側に対するそれまでに提供を受けたサービス内容の情報開示請求についても，利用者・家族側としての不満や疑問が表出された行為といえよう。

このような利用者・家族側の抗議的な姿勢に対して，事業者側はサービス提供停止という反応を示したことから，双方の関係性の乖離は決定的なものとなってしまう。利用者の家族という立場からして，サービス利用にかかわる情報開示請求に対して事業者側が応じることが原則であるにもかかわらず応じなかったこと，また，正当な理由なしにサービス提供を停止したことは事業者側の不適切な対応といえ，感情的な対応といえよう。

情報開示請求があった時点で，その背景に何があるのかを把握し，誠意をもって対応していれば利用者・家族側のネガティブな感情は軽減し，苦情申立てには至らなかったものと考えられる。

総括

　訪問系の在宅サービスの特徴として，通所生活介護など通所系サービス，短期入所生活介護など滞在系サービスに比べて，サービス利用時間が短時間であり，短い場合1回あたり30分から1時間程度となる。短時間の利用時間は，サービス担当者（事業者）と利用者とのコミュニケーションや意思疎通を図る時間に制限をもたらし，ひいては双方に不可欠な信頼関係を構築するうえで支障をもたらす原因ともなり得る。

　いずれの事例についても，共通して事業者と利用者・家族との間の関係性に問題があり，信頼関係が築かれていなかったなかで生じた苦情といえる。短時間でのサービスではあるものの，コミュニケーションや意思疎通を図ることにむけての事業者側からのアプローチが消極的なものであったといえる。

　サービス業，なかでも対人支援サービスとしての介護保険サービスにおいては，事業者側と利用者・家族側との良好な関係性の構築は不可欠であり，サービスの評価や効果に大きく反映されることになる。時間に制限のある訪問系サービスであるがゆえに，他のサービス以上に短時間のなかで関係性の構築にむけて積極的にアプローチすることが必要であり，訪問時の時間以外においても，連絡，報告などで活用できよう。

　加えて，いずれの事例ともに指摘できる問題点として事業者側として認識されるべきサービス提供に際しての理念の欠如があげられ，さらに情報共有システムの未整備があげられる。介護保険制度に基づきサービス提供者として有しておくべき理念とはどのようなものなのか，すなわち，どのような価値観をもちながらサービスを提供し，利用者にどのような状態になってもらいたいと考えているのか（サービス目標）を明確に設定し，そのことをサービス提供担当者一人ひとりが認識することが大切であり，このことが不十分である場合，サービスは統一性に欠けるものとなる。

　情報共有システムづくりにむけては，ミーティングやカンファレンスの開催，記録整備など文言化したなかで確認，日常的に報告，連絡体制を強化し，組織全体で共有していくことが大切である。

2. 短期入所系サービス

事例6　短期入所生活介護「皮下出血事故」

【申立内容】

　短期入所生活介護（以下，ショートステイ）を利用時，突然の皮下血腫が表れたが納得がいく十分な説明および謝罪がない。

【調査結果】
(1) 重要事項など内容などの説明は行われていたが，契約書による契約はされていなかった。
(2) 入浴の際に身体等の観察を行っており，身体の異変には気づかなかった。
(3) 施設職員が「誰がしたか分からない」といった発言をしていた。

【指導・助言】
(1) サービス内容等が記された重要事項説明書を交付し，十分な説明のうえ契約書等による締結を行うこと。
(2) 利用者の心身の健康状況の把握を含めて看護や医学的管理のさらなる充実を図ること。また，認知症等で自らの訴えが難しい利用者の場合は細心な観察を行うようこころがけること。
(3) 身体上，健康上の異変があった場合は，家族に対する報告や協議についての対処基準を定めたうえで職員の研修を行うこと。
(4) 苦情申立てにかんする基準を具体的に策定し，研修などの実施により職員に周知すること。
(5) 着脱など当該サービスの運営基準（厚生労働省令）に基づくサービスを提供すること。

【解　説】
　本事例はサービス利用期間中に発生した皮下血腫という事故に対する苦情である。苦情処理機関における調査の結果，皮下血腫の原因は不明であった。しかし，指導・助言の項目は複数にわたり，施設側の過失が認められた。

　被害者は重度の認知症であることから意思伝達に支障を生じている状態であり，事業者側の日常における入念なる観察が必要であったといえる。皮下血腫が発見された時点において血腫は広範囲に拡大した状態であったことから，「なぜ，早く発見できなかったのか」ということが問われるものであった。

　利用者の心身状態やニーズを把握したうえで，日常生活上のサービスが適切に提供されていれば，身体の異常である皮下血腫を早く発見でき，症状を最小限に抑えられた可能性がある。被害者の皮下血腫が出現した部位は上半身であったが，その症状が発見できるサービス提供の場面として想定されるのが入浴の場面や着脱の場面である。当該事業所において実施されていた入浴の頻度は1週間に2回であり，着脱（下着の着替え）は入浴時（1週間に2回）であった。

　入浴の頻度はショートステイサービスの運営基準からして問題として指摘できるものではないが，着脱については同基準からして適切な頻度とはいえない頻度であり，かりに毎日着替えを行っていれば皮下血腫の発症は早い段階で発見できた可能性が高かったといえる。ここに日常生活上において適切なサービス提供が行われていなかった弊害が指摘できる。

事例7　短期入所生活介護「打撲事故」

【申立内容】

　ショートステイサービス利用時に利用者の顔面に瘤ができていたが事業者から納得いく説明がない。また，「今後，サービスの提供は出来ません」と十分な説明がないままに一方的にサービス提供を断られた。

【調査結果】

(1)　ケガの原因の特定は出来ていなかった。ベッドの柵に当たったのではないかという認識であった。

(2)　利用者のケガについて事業者から利用者側への連絡はなかった。家族が迎えに来た時にケガに気づき，その時に担当者が「申し訳ございません。体動が激しかったので，その時にケガをされたのかもしれません」といって謝罪した。

(3)　事業者側は家族から指摘されるまでケガの状況について把握していなかった。

(4)　「今後も受入れはするが，最悪の場合は認知症専門の施設を検討していただくということをお願いするかもしれない。ケアマネジャーからも説明があります」と家族に伝えたが，サービスの提供を断ったわけではない。

【指導・助言】

(1)　サービス内容等が記された重要事項説明書を交付し，十分な説明のうえ契約書等による締結を行うこと。

(2)　利用者の心身の健康状況の把握を含めて看護や医学的管理のさらなる充実を図ること。また，認知症等で自らの訴えが難しい利用者の場合は特に細心な観察を行うこと。

【解　説】

　本事例も前事例（事例6）に同じく被害者は認知症であり，サービス利用時に発生した事故に対する苦情である。しかし，顔面の瘤の発生という事故を起因とする苦情ではあるが，そのことに対する家族側の不満よりも事故後の事業者側の対応に対する不満が不信感を募らせることとなっている。

　すなわち，事故発生にともなう事業者側の誠意が感じられない謝罪として受け止められていること，また，事故発生の原因追及がなされないままに単に想像だけで告げられていることが不信感を強くしてしまっている。

　さらには，瘤の発生という視覚的にも発見しやすい症状であるにもかかわらず，その発見が事業者側によってではなく，家族によるものであることが認知症の症状をともなう利用者に対するサービス提供上の不適切性を問われるものとして指摘される。

　このように事業者側の過失が認められる状況にあるなかで，サービス提供の停止を示唆する発言も加わり，家族としての事業者側に対する不満感情は一層増幅され，苦情申立てに至るこ

ととなる。

事例8　短期入所生活介護「認識のズレ」

　サービス利用時の部屋の温度調節をたびたびお願いしているにもかかわらず，対応してもらえなかった。また，部屋の清掃が十分に出来ていない。さらにはショートステイサービスを利用したら外泊は出来ないといわれた。

【調査結果】
(1)　重要事項説明書が交付されていなかった。
(2)　温度調節は各部屋でも調節可能である。温度調節について家族が何度も要望したとのことについて施設側は聞いていないとのことであった。
(3)　掃除は業務スケジュールに従い，毎朝，職員で行っている。
(4)　ショートステイ利用の際の外泊については両者で言い分が違った。

【指導・助言】
(1)　サービス内容等が記された重要事項説明書を交付し，十分に説明・同意の上，契約書等による締結を行うこと。
(2)　職員間の意思疎通や担当者の変更の際の引き継ぎなどについては，特に注意する必要があるため，職員に対して研修などを通じて周知徹底すること。
(3)　「週間サービス計画表」だけでなく，個人ごとに実際に提供したサービスなどについての詳細な日課表（いつ，誰が，どのような介護援助を，また，その時の利用者の状況等を記録した業務日誌）を作成し，管理者が確認すること。
(4)　人の体温調節機能には個人差があるので，カンファレンスなどを通じて，介護従業者が利用者個々人を十分に把握したうえで対応すること。
(5)　施設入口等に靴の汚れを落とすためのマットを置くなどの衛生的な配慮をすること。

【解　説】
　本事例は事業者側と家族側との認識のズレにともない生じた苦情といえる。部屋の温度調整については微妙な調整が必要となるため，細かな注意や確認が求められる。朝昼夜の1日の時間の経過のなかで，また，部屋の位置や空調機器の位置などによって温度差が生じることからその都度の調整が必要となる。若年者に比べて体温調整が難しい高齢者において，また，意思伝達ができない認知症高齢者の場合などは特に配慮が必要となる。
　当該利用者の場合も意思伝達に支障がある高齢者であり，したがって，家族が温度調整の要望をしていたにもかかわらず，そのとおりにしてもらえなかったことへの不満が募り苦情申立てに至ることとなった。
　家族側の要望がうまく伝わなかった理由として，事業所内における職員間の情報の共有が機

能していなかったことや意思疎通が図られていなかったことがあげられる。複数の職員が連携しながら均質的なサービスを継続して提供しなければならない介護保険サービスにおいて職員間の情報共有と意思疎通は極めて重要である。

短期入所生活介護事業所においては夜など交代をともなう勤務体制，常勤職に加え非常勤職を含み編成される雇用形態からして，均質的で継続的なサービスの提供を確保していくためには，引き継ぎ，ミーティング，カンファレンス，研修などの実施，介護記録，マニュアルなどの整備が必要であり，これらのものが機能していない状態において職員間のサービスはバラバラなものとなり，格差をもたらすものとなる。

事例9　短期入所生活介護「打撲事故」

【申立内容】

事業所内での事故後，足を引きずり，痛みを訴え，体調不良で顔面蒼白の状態であったにもかかわらず，家族が迎えに行くまで連絡はなく，直ちに医療機関へ受診させることもなかった。事故後の事業者側の対応に誠意が感じられず，納得がいかない。

【調査結果】

(1) 事故以前にも当該利用者は夜中にリビングで寝ているということがあり，過去に転倒はなかったので，ベッドの横に寝ているのを発見した際も転倒，転落としては捉えなかった。

(2) 事故後，患部に腫脹を認めたが，その腫れの程度から判断して医療機関への受診，家族への連絡は行わず，経過を観察していた。

(3) 医療機関への受診については決して家族だけで対応してもらうようにしていることはない。

(4) 利用者の異常に気づいた際の対応および家族への連絡が遅くなったことは謝罪したが，途中，行き違いなどがあり，利用者家族の納得が得られなかった。

(5) 利用者側への対応は，事業所内で何度も会議を重ね，第三者委員からも家族へ話しをしてもらったが，解決には向かわなかった。

(6) 「介護日誌」はその時々で記載をしているわけではなく，後でまとめて端末に入力しているとのことで，その理由として記載する時間をサービス提供に充てたいとの考えからである。

(7) 「短期入所生活介護計画書」の作成は行っていたが，利用者側へは交付していなかった。

【指導・助言】

(1) 事故などにより利用者の状況に変化がみられた際の対応についてはマニュアルなどを活用した職員研修等を通じて適切な対応ができる体制を整え，迅速な連絡，詳細な説明等行うようこころがけること。

(2) 介護日誌等のサービス提供記録は，利用者の状況の変化を把握し，その変化に応じたサービス提供に資するだけでなく，事故等が発生した際に利用者側に対して状況を説明する根拠

となるため，いつ，誰が，どのようなサービスを行い，その時利用者がどのような状態であったかなどが明確に理解できるように整備すること。

(3) 今回の苦情にかんしては，事業所として再三会議等を開き，解決策を講じてきたとのことであるが，いま一度，これまでの経緯を踏まえたうえで双方接触がないまま相当期間経過していることも考慮しつつ，今後の対応を検討し，円満解決に向けて努力すること。

【解　説】

本事例も事例6，事例7に同じく事故対応にかかわる苦情である。事業所側の問題として指摘できることとして，まず，事故発生以前の問題として，短期入所生活介護計画が利用者側に交付されておらず，このことから事業者側が把握し，理解している利用者のニーズや状況，サービス提供内容などについて，家族として把握し，理解されていなかったこと，事業者側，利用者側が双方に利用者の情報を共有できていなかったことがあげられる。

また，利用者個々に作成されている介護日誌が，その都度に記入されておらず，一括して記入されていることから，利用者の心身状況の変化などについて把握することに支障を生じていたことも問題としてあげられる。これらの事業者側に指摘できる問題は当該利用者の事故の発生に作用し，また，事故の発見を遅滞させる要因となったといえよう。

次に，事故発生後の問題として，事故発生直後の対応として担当職員の判断に委ねられるものとなっていたことなどから，医療機関への受診が望ましい状況であったにもかかわらず受診が行われず，家族への連絡もなされないままとなってしまったことがあげられる。基本的にケガをともなう事故の場合，受診などの判断は医療・看護の専門職の判断が必要であり，領域の異なる職員のみによる判断は適切ではない。

事故発生にともなう対応は個人として対応するのではなく，組織として対応することが必要となることからマニュアルなどを活用することをもって適切性と迅速性を確保しなければならない。

総　括

ショートステイサービスは在宅サービスの領域に分類されるサービスではあるが，その特徴は施設サービスに類似したものといえる。すなわち，ショートステイサービスは短期間ではあるが通所という形態ではなく，入所という形態であること，それにともない，食事，入浴，住環境など全面的な生活支援からなるサービスを24時間体制で提供するものであることから，在宅サービスの特徴といえる一時的で部分的なサービスというよりも，施設サービスの特徴といえる連続的で全面的なサービスに該当するものといえる。

施設サービスの特徴を有するショートステイサービスにおいて，サービス提供上のかかわりの頻度などからして事故発生のリスクは在宅サービスのなかでも高くなる傾向が指摘できる。

施設サービスと比べても，施設サービスが長期間の入所を一般としていることなどから事業者側として利用者の心身状況やニーズがほぼ把握できている状況であるのに対して，ショートステイサービスにおいては入所という形態であるとはいえ，短期間のサービスであることなどから利用者の特性やニーズについて十分に把握できていない状況にある場合もあり，また，利用者・家族と事業者とのかかわりの頻度が少ないため，両者の意思疎通や信頼関係が図られにくい状況にあるともいえよう。

これらに指摘できるショートステイサービスの特徴が，在宅サービスのなかでも事故発生のリスクを高めている理由といえよう。このことから短期入所サービスにおいては他のサービス以上に事故発生に備えた体制の整備を図ることが求められ，また，サービス提供開始前の利用者に対するアセスメントを踏まえて作成されるケアプランにおいて，家族の参加のもとに意思疎通を図りながら検討されることが大切であるといえよう。

3. 通所系サービス

事例10　通所リハビリテーション「誤嚥事故」

【申立内容】

通所リハビリテーション利用時に誤嚥により死亡。その時間帯に医師が不在であり，十分な処置がされていたか疑問である。医師の勤務体制についての事業者側の説明も内容が変わり，信頼できない。

また，介護支援専門員の訪問も一切なく，ケアプランについても説明を聞いたことがない。事故後，事業者側から訪問があった際に居宅介護支援費の保険請求のことを尋ねたところ，こころない発言があり，誠意が感じられない。

【調査結果】

(1) 当該利用者には持病があったが，自分で水分摂取も積極的に行われていた。そのため，事故当日も介護者は水分摂取の声掛けをすることもなく，むせる様子や音もしなかったため片付けの終わる頃まで当該利用者の異変に気づかなかった。異変に気づいてからは，看護職員を呼び，応急処置を行った。救急車搬送時にも，食物残渣物は残っていた。心電図は動いていなかったが到着まで脈は確認できていた。

(2) 利用者の家族からのむせやすいとの情報により通常は声掛けなどの配慮は行っていた。事故前は食事を急がれることもあり，少々むせられることはあったが，ひどいむせはなかった。献立についても汁物にはとろみをつけ，食材に切れ目や細かく刻むなどの配慮を行っていた。

(3) 介護支援専門員の月一回の訪問がなされていなかったことについては通所に来られているからという安心感から怠ってしまっていたとのことであり，利用票のサインについては直接

通所利用時に当該利用者にいただいていた。
(4) 医師の勤務体制については運営基準は満たしており，事故当日は非常勤医師の午前中のみの勤務であり，事故発生は勤務終了後であった。
(5) 事故後，家族が来るまで説明がなかったことついては，しっかりとした内部調査を行ったうえ家族への説明を行うつもりであったからである。要請後は相手の意向に合わせ，何度も説明を行い，当該利用者の記録等の開示も行ったが理解してもらえなかった。
(6) 苦情相談窓口は設置されており，マニュアルに沿った処理は行われている。また，事故防止のため「ヒヤリ・ハット」などの事故報告書を整備し，参考にしている。

【指導・助言】
(1) 今回のような不測の事態を予測し，適切な対応を可能とする人員を確保して，食事時の介助にあたり，その体制を維持することが必要である。事故防止に向けて医師や看護師不在時でも対応できる緊急マニュアルを作成し，継続した全職員参加の勉強会，非常時を想定した訓練等の実施などが必要である。

　また，嚥下・咀嚼の確認をよりいっそう入念に行い，口腔ケアを充実させることも危険防止につながるものと考えられる。食材の提供にかんしても利用者一人ひとりの特性や心身の状況に合わせた献立の工夫が求められ，食事を提供する側（管理栄養士等）が食事時の見守りの際に利用者の状態を観察し，介護者の意見を取り入れるなど多面的なアプローチも必要である。

(2) ケアプラン作成においては，利用者・家族とのコミュニケーションを十分に図るなかで利用者ニーズを正確に把握し，反映させることが求められる。居宅への訪問はもちろんのこと利用者や家族とのコミュニケーションを図り，積極的にアセスメントすることが必要である。

(3) 医師の勤務体制等を含めたサービス利用にかかる重要事項は利用申込者に分かりやすい丁寧な説明を行い，十分に納得してもらったうえでサービス提供に努める必要である。

(4) 早期の事業者側からの説明がなかったことが，その後いろいろな誤解を招いているように思われる。今一度，申立人に対して分かりやすい言葉で丁寧に説明を行うなど誠意をもって円満解決に向けて努力することが望まれる。

【解　説】
本事例はサービス利用中における利用者の誤嚥などにより死亡したことに対する苦情である。利用者死亡という深刻な状況から，家族としての不満は極めて強いものであった。

当該利用者の嚥下能力の低下や嚥下の際にむせやすいことなどについて，事業者側はあらかじめ把握できていたため，献立については汁物にとろみをつけたり，食材を細かく刻んだりの配慮がなされていた。ただし，このような配慮は当初から行われていたものではなく，家族側からの指摘や要望に基づくものであり，家族側からして，事業者側の主体性や積極性に疑問を

抱くものであった。その後に誤嚥事故が発生している。

　昼の食事中に誤嚥があり，その直後ではなく，しばらくの時間の経過があった食事の片付けの際にそのことが発見されている。このことから家族としては「事業者は何をやっていたのか」という疑問と不満が生じることとなる。食事介助の際の職員体制，見守りが十分であったといえるのかというサービス提供上の問題が疑われるものであった。

　職員体制においては医師の勤務時間を含めて明らかな不備は認められなかったものの，誤嚥リスクの高い当該利用者に対する食事介助や見守りについての配慮が十分であったとはいえなかった。

　また，死亡事故とういう重大な事故に対するその後の事業者側の対応に家族側として大きな不信感を抱くことになっている。事故についての説明が家族から事業所に出向くまでは行われておらず，十分ではなかったことが最大の不信感の要因といえた。重大な事故にもかかわらず迅速性に欠けた誠意の感じられない事業者側の対応として受け止められることとなる。事故発生に対する事業者としての認識とともに，苦情対応に対する事業者の認識が希薄であったものといえよう。

4．認知症高齢者サービス

事例11　認知症対応型共同生活介護「暴言」

【申立内容】

　認知症対応型共同生活介護（以下，グループホーム）管理者から利用者の家族に対して介護サービス提供にかんして不穏当な発言があった。また，同じくグループホーム管理者から介護サービス提供を拒否すると受け取れるような発言があった。

【調査結果】

(1) 一方的な同意書（利用者，扶養者の署名・押印のみ）を使用しており，重要事項についての説明も不十分であった。

(2) 不穏当な発言については申立者側，施設側の両者で言い分が食い違い，事実は確認できなかった。

(3) 介護サービスの提供を拒否すると受け止められるような発言については，事業者側としては冗談で穏やかな口調で言ったことを認めたものの，申立者側のいうグループホームを追い出されるのではと思えるほど強い口調で言われたという言い分とは食い違った。

(4) 事業者側は申立者と感情的な行き違いがあったことは認めたが，その原因は申立者側にあると主張した。

【指導・助言】

(1) サービス提供の同意を得る場合は利用者および事業者双方の立場から利用者及び事業者双方署名・押印した同意書又は契約書によって確認すること。

(2) たとえ冗談のつもりであってもサービス提供拒否と受けとめられるような発言は慎むこと。運営基準に規定する「提供拒否の禁止」に抵触することにもなりかねない。

(3) コミュニケーションを図るための日常の言葉は何気ない言葉一つで相手を傷つけたり，恐怖を与えることになり，その結果，お互いの信頼関係を損なうことになる。懇切丁寧な対応や発言をこころがけること。

(4) 苦情を言いやすい環境を作ることが求められる。苦情が示された場合は素早い対応が重要であり，それに対する十分な説明や必要な場合には改善が必要である。

【解　説】

　本事例は事業者の管理者による発言に対しての苦情である。事業者のなかで管理者という立場にいる者の家族にむけての発言は職員総意としての発言を意味する。

　管理者から発せられた発言の内容は，家族の役割についての管理者独自の価値観であったが，その価値観を押しつけるような言い方があったことに家族として不快感を抱いている。

　家族として親の介護を自分たちで行っていきたい気持ちを持ちながらもグループホームに預けざるを得なかったこと，グループホームに頻繁に来て親と会いたいが仕事などから容易ではないことなど家族側の事情があるなかで，グループホームへの来所頻度などを通してかかわり方の消極性を指摘され，さらには，退所を迫られる発言があったことが不満を倍化させている。

　度重なる不適切な発言を受けた家族は，管理者を代表とするグループホームにむけての不快感とともに恐怖感を覚え，グループホームへの訪問が一層，遠のいていった。そして，苦情処理機関への申立を決断することになった。

　不適切な発言を発した管理者からして，発言の事実を認めたうえで「冗談のつもりだった」としているが，冗談で通用する内容ではなかった。

　介護保険の理念にかなう範囲で事業者の介護に対する思いや理想を抱くことは大切であるが，それを家族に押しつける行為は，誤解や不満を生じさせる可能性が高いといえる。日頃より，利用者や家族に対する発言には十分に注意し，懇切丁寧な対応をこころがける必要がある。

事例12　認知症対応型共同生活介護「体験入居中の転落事故」

【申立内容】

　サービス利用に際してベッドを低いベッドに換えてもらう約束をしていたが，実際は換わっていなかった。このことがベッドからの転落事故時のケガにも影響している。

　事故後，利用者が痛みを訴えている状況を認知症の進行と捉えて，再診察は行われず，処置

もずさんであった。

【調査結果】

(1) 通常，当該事業者は共同生活住居において共同生活を送ることに支障がない利用者（要介護2ないし3程度）を対象としているが，当該利用者は要介護4であることから利用者側の強い希望もあって体験入居となった。

(2) 体験入居ということであったため口頭での簡単な説明が行われていただけで，契約書・重要事項説明書等の提示および説明も行われておらず，契約書を取り交わすということはなされていなかった。

(3) 利用者入居予定の部屋のベッドが高いとの利用者側のからの指摘があった際，その場で，そのベッドを一番低い状態にして，利用者側からも了承を得た。なお，ベッドの交換は依頼されていないとのことであり，利用者側と事業者側とで言い分が違っており，事実は確認できなかった。

(4) 利用者のずり落ちの傾向はアセスメントされておらず，「転落防止」にかんしてはケアプランにも反映されていなかった。また，事故後にケアプランの変更も行われていないばかりか，事故の原因についても解明されていなかった。

(5) 利用者側への事故の報告も伝達で終わっていた。

(6) 事故後，利用者の痛みの訴えが事業所責任者，看護師に伝わっていないなど申送りが徹底されていなかった。

(7) 退去に際しては，体験入居の期間が過ぎたことや当該利用者の認知症の進行により他の利用者に悪影響を及ぼしていることなどを説明し，利用者側も納得されたとのことであったが他の事業所の紹介などは行われていなかった。

【指導・助言】

(1) たとえ体験入居であっても介護保険制度に基づいたサービス提供を行うのであれば，重要事項について記した文書を交付し，懇切丁寧に説明を行ったうえで契約を取り交わすこと。

(2) 利用者の意思および人格を尊重し，利用者一人ひとりの状況に応じ，即時性を持って介護サービスを提供するようこころがけること。

(3) 事故を未然に防ぐためにはアセスメントは極めて重要であるため，アセスメントを行う際は利用者の家族からも利用者にかんする情報を十分に得たうえで行い，その結果を反映した内容でケアプランを作成し，適切に介護サービスを実施すること。

(4) 事故後の対応としては，事故対応マニュアルなどを活用しながら，速やかに利用者の家族へ直接報告・説明し，また，事業所内でのカンファレンス等で事故の背景の明確化・原因の解明・再発防止対策の検討を行うこと。

(5) 利用者の権利擁護を基本理念として，事業所内での研修会の活性化および外部での研修，

講演会などへの積極的な参加が望まれる。

(6) 日々変化する利用者の状態を把握し，継続した介護サービスの提供が行われるためにも諸記録は記載漏れがないように整備し，供覧および申送りの徹底を図り，責任者を含めたすべての職員が周知する体制を整えること。

(7) 退去に際しては居宅介護支援事業者等との連携を密にし，利用者側の希望を踏まえたうえで利用者の状況及び退居後の生活環境に配慮し，他の事業者等を紹介するなど退居に必要な援助を行うこと。

【解説】

本事例はグループホームへの仮入居中の事故およびその後の対応に対する苦情である。正式な契約を結んでの入居ではなく，体験入居での事故ではあるが，グループホーム内での事故であり，転落する可能性が予測でき，しかも，家族としてそのことへの注意を促していた後での事故発生であることに当該事業所の責任が問われることとなる。

事故の背景には，仮入居という手続きにより利用者のアセスメントを十分に行っていなかったことが多分に影響していると考えられる。転落が予測されたにもかかわらず，そのことがアセスメントされておらず，ケアプランには反映されていなかった。グループホーム利用者の特性である認知症から，利用者からの意思伝達，情報収集に限界が認められるなかで，家族から利用者にかんする情報を十分に得てアセスメントを行う必要があった。

認知症高齢者の行動特性は一人ひとりで大きく異なり，独自性が認められる。しかも，仮入居という場面は，それまで生活していた居宅での環境とはまったく違うものであり，戸惑い，不安感情が増幅し，負担感をともなうこととなる。したがって，生活環境に慣れない場面での事故のリスクは高くなる。

事業者においては家族を含めてケアプラン策定を行い，家族にもリスクへの理解を図っておくことが大切であり，入居間もない認知症高齢者においては特に見守りをもって事故防止への配慮が要求される。

また，当該事業者においては事故が発生したにもかかわらず，事故原因の分析がなされず，当該利用者のケアプランの見直しも行われていなかったことは同じ事故を繰り返す要因となり，事業者の怠慢といえた。

総 括

グループホーム利用者である認知症高齢者に対するサービス提供においては，自らの権利やニーズを表明することに限界が認められるなどの心身的特性からしてアドボカシー（権利擁護，代弁）の視点からのアプローチが重要になる。したがって，サービス利用者のなかでも特に認知症高齢者においては，入念に，気を配りながら，かかわりや観察，家族等からの情報収集な

どをもって心身状況やニーズを把握する必要がある。

　事例12においては事故のリスクを含めてのニーズの把握が十分でなかったなかでの事故発生にともなう苦情申立てとなっている。事例11においては，認知症高齢者とともに家族にむけてのアドボカシーの視点が欠如した対応が苦情申立ての要因となっている。認知症高齢者をかかえる家族においては，身体的，精神的，社会的な負担がより大きく負荷され，周囲から発せられる言葉や態度などに敏感になっているといえよう。事業者においてはこのような家族の特性を理解したうえで，要介護高齢者とともに家族を含めたサービス提供をこころがける必要がある。

5. 施設系サービスⅠ（介護老人福祉施設）

事例13　介護老人福祉施設「入浴中の事故」

【申立内容】

　入浴する際，シャワーチェアーともども転倒し，ケガを負ったことに対して施設側から納得のいく説明や謝罪がない。また，納得のいく賠償がなされていない。

【調査結果】

(1) 保険者への事故報告が行われていなかった。また，家族に対しての報告は口頭のみで行われており，書面によるものはなかった。

(2) 事故発生後，施設側から直接利用者の家族側に出向いての謝罪は一度も行われておらず，受け身的な対応であった。

(3) 医療機関受診にかかわる費用については利用者の家族が支払っていた。

(4) 施設側は「この事故にかんしては，本来，施設側が行うべき行為を怠ったため100パーセント過失を認めるが，以前から利用者が訴えていた疾病との因果関係は認めない」との言い分で施設側と家族との間で見解に違いがあり，話し合いが困難な状況になっていた。

(5) 施設側は家族との信頼関係が維持できないことを理由に今後の契約更改を行わないかもしれないという考え方をもっている。

【指導・助言】

(1) 事故が発生したら速やかに保険者へ報告を行うこと。また，利用者の家族に対しても速やかに口頭で報告を行い，必要に応じて書面での報告や説明を行うこと。

(2) 事故についての説明や謝罪については積極的に利用者の家族のところへ出向いて行うこと。また，今後の対応について早急に賠償を行うなど和解（示談）に向けて努力され，円満に解決されたい。

(3) 応急手当等のマニュアルだけでなく，連絡体制，報告体制などの手順を示した事故対応マ

ニュアルなどを定めておくことが望ましい。
(4) サービスの提供により事故が発生し，利用者がケガを負った場合の医療機関受診に際しての費用についてはお互い十分に話し合いを行うこと。
(5) 第三者委員を施設に対する苦情や賠償等の速やかな解決に積極的に活用すること。
(6) 今回の事故にかんする話し合いの過程で，家族と施設との間で感情的な問題が生じているが，そのことで信頼関係が維持できないとして契約更改を拒むことのないようにすること。

【解　説】
　本事例の苦情の直接的な要因は施設内で発生した事故である。しかし，苦情申立てに至った最大の理由は事故発生に対する苦情に増して，事故が発生した後の家族に対する施設側の誠意のない対応であるといえる。
　調査結果にも指摘されているように，事故発生後，施設側から直接に家族側に出向いての謝罪は一度も行われておらず，事故にともなう賠償もなされていない。施設内においてサービス提供時に発生した事故である限り，施設側の過失を免れることはできない。
　事故が発生した場合，被害者の心身上の処置とともに，速やかに家族に連絡をとることが不可欠である。家族への対応については，事故発生時の連絡のみならず，事故原因についての説明および謝罪を必要とする。
　どのような状況において，何が原因で事故が発生したのか，その時に施設側はどのような対応をしたのかについて家族に対して説明することが求められる。かりに事故原因が究明できなかった場合においても，想定される原因についての説明や，原因究明にむけてどのような手続きをもって行われたのかについての説明が必要である。本事例の場合，そのような説明が行われていない。
　説明や謝罪がなされないなかで家族側が施設側に対してネガティブ（批判的）な感情を増幅させることとなり，さらには，施設側の契約更新拒否をちらつかせた対応が苦情申立てに至った。

事例14　介護老人福祉施設「転倒事故」

【申立内容】
　認知症が進行して，夜間の徘徊や大声を出すことへの対応として長椅子に座らせられており，長椅子より転倒・転落して肩が骨折したにもかかわらず，その後の対応も廊下にベッドごと出したり，ホールで寝かせられていた。
　また，頭に瘤，顔に青あざが出現する事故があり，そのことについての施設側からの納得のいく説明がなく，そのケガをきっかけに強制的に退所させられた。

【調査結果】
⑴ 施設としては入所前の心身の状況を把握しており，事故（肩の骨折）が起きるまでは認知症の進行を含めて利用者の状況に特別な変化は感じられなかったので利用者側に対する接遇態度が変わったということもない。
⑵ 事故，ケガの後の利用者へ対応は施設内で応急処置を行い，翌日まで経過観察を行っていたとのことであり，医療機関への受診，家族への報告も翌日となっていた。
⑶ 事故が起きてから，事故の原因解明，再発防止対策，職員への周知徹底に至る過程については月一回の定例会議で報告を行っている。
⑷ 当該利用者に限らず転倒，転落が考えられる利用者には「24時間見守りを行うわけではないので，事故はどうしても起きてしまうと話している」とのことであり，事故の原因解明や再発防止対策について詳細な説明を求めても施設側の反応は総じて鈍く，事故が起きることは仕方ないと捉えているようであった。
⑸ 事故後に利用者が痛み等で昼夜問わず排泄の訴えや大声で叫ばれることへの対応として個室利用も試みたが効果はなく，職員の目の届くところで見守りを行っていたとのことであった。
⑹ 利用者の家族が職員から叩かれたのではないかと疑念を抱いている利用者の顔のあざにかんしては頭部のケガによる影響で内出血が広がったのではないかとのことであった。
⑺ 当該利用者に転倒の危険性があることや事故等における状態の変化があることを認識していることにもかかわらず，施設サービス計画書の変更が行われていなかった。
⑽ 事故後，当該利用者の不穏状態が続き，家族との話し合いを持ち，かかりつけの医師に相談し，入院の運びとなったとのことであり，頭部のケガとの因果関係はない。
⑾ 当該施設では当該利用者に限らず，相談および決定などについては契約者に報告を入れている。
⑿ 今回の件は苦情としては位置づけていなかったため，作成されている「苦情解決システム要綱」は活用されておらず，苦情対応委員会の開催，第三者委員会への報告なども行われなかった。

【指導・助言】
⑴ 利用者の状況から事故の可能性や要因をアセスメントした場合には，その結果を施設サービス計画に反映し，計画に基づいた適切なサービスを提供すること。
⑵ 事故が起きる可能性について利用者側へ説明を行うにあたっては，誤解を招かないよう利用者側の立場に立ったうえで懇切丁寧に説明し，事故が発生した際は速やかに必要な処置および家族への連絡が重要である。
⑶ 事故を未然に防ぐ対策から事故が起きた際の対応および原因解明，再発防止対策，さらに

職員への周知徹底に至るまでのプロセスや方法について施設内での会議のあり方，事故時の対応にかんする研修会開催等を含めて検討すること。

(4) 事故後の状況説明で利用者側が理解されていないことにかんしては再度説明を行うなど事業所全体で解決を検討し，誠意ある対応を行うこと。

(5) 介護日誌等のサービス提供の記録は利用者の状況の変化を把握し，その変化に応じたサービス提供に資するだけでなく，事故などが発生した際に利用者側に対して状況を説明する根拠となるため，いつ，誰が，どのようなサービスを行い，その時利用者がどのような状態であったかなどが明確に理解できるように整備すること。

(6) 事故後の利用者家族への発言にかんしては，家族の気持ちに配慮し，十分注意した発言を行うようこころがけること。

(7) 苦情はサービスの質の向上を図るうえでの重要な情報であるとの認識に立ち，苦情が発生した場合には施設全体で苦情を解決するという意志を強く持つとともに「苦情解決システム管理要綱」の活用等を含めて苦情解決の体制の見直しを行うこと。

【解 説】

本事例の場合も前事例（事例13）と同じような施設側の問題を指摘することができる。

① 利用者の心身状況からして，事故（転倒）発生の予測ができたにもかかわらず，そのことが施設サービス計画書に反映されていなかった。

このことは，「起こるべくして起こった事故」ということとなり，施設側の怠慢という評価になってしまう。施設側のリスクマネジメントについての認識の甘さや体制の不備が事故を拡大させることとなった。

② 事故発生直後に家族などに連絡されていなかった。また，施設全体（職員間）で事故発生の情報が共有されていなかった。

利用者の事故は家族側には重大なことであり，施設側からの速やかな連絡があってしかるべきである。さらに，事故発生について施設全体（職員間）の情報共有がなされなかったことは事故の再発を招くことにつながる。

③ 事故原因の分析が十分行われておらず，家族にも説明がなされていなかった。

事故原因の分析については組織として取組むことが大切であり，分析するプロセスが重要である。事故の状況，原因，謝罪を含めての説明が曖昧で不十分であることは家族側からして施設側に対する印象をネガティブなものへと変容させた。事故にかかわる説明は特に懇切丁寧に行うことが大切である。

事例15 介護老人福祉施設「連続する事故」

【申立内容】

　不随運動による足の打撲による医療機関への入院，左耳からの出血と二度にわたるケガにおいて職員の見守りがなされておらず，謝罪の言葉もなかった。

　また，退所したところ全身に赤いブツブツができており，皮膚科受診で「疥癬」と診断されたが，このことを職員に尋ねても納得のいく説明がなく，施設側の対応に誠意が感じられず，納得がいかない。

【調査結果】

(1) 施設入所以前の短期入所生活介護計画書については約2ヶ月遅れて作成されており，作成されるまでの間はケア提供表を基にケアを行っていた。施設サービス計画書については利用者家族に同意を得たうえで交付がされていたが，後日捺印してもらう予定になっていたとのことであり，捺印がされていなかった。

(2) 不随運動による打撲の事実はなく，危険を及ぼすあらゆるところは保護をしていたので打撲は考え難いとのことであった。

(3) 医療機関への入院以前に，右大腿部に腫脹があり受診した結果，異常はなかったとのことであるが，施設内でこの腫脹の原因解明がなされていなかった。

(4) 医療機関への入院の診断名が理解されておらず，施設側から利用者家族への説明については十分であったとは言い難く，前回の腫脹の延長として今回の入院に至ったと誤解されている可能性もある。

(5) ケガなどの説明については利用者家族の方から「いいです。わかりました」との返答があったので理解していただいていたと思っていたし，利用者家族とのかかわりは深く，入所中は不満や苦情は言われることがなかったので施設側の認識不足であった。

(6) 当該利用者が以前にも疥癬の既往歴があり，腹部にも湿疹が出られていることは認識されていたが，出たり消えたりの状況であったので特に介護計画には取り込んでいなかった。

(7) 湿疹が酷くなり，医療機関への再受診も予定していたが，急に退所されたので受診できなかったとのことであり，利用者家族に受診を勧めた。

(8) 利用者家族から「疥癬」の報告を受けて，自宅を2回訪問し，短期入所生活介護利用の方向で話を勧めたとのことであったが，「まだ，利用しない」とのことであった。

(9) 当該利用者が利用されているサービス事業者との連携を図り，疥癬の治療に向けて協力していきたいとのことであった。

(10) 利用者家族からの退所の申出には，施設職員が驚いたとのことであり，入所の必要性を説明しても納得していただけず，「一人でいるのが寂しい」というのが一番の理由であったとのことであった。

⑾　今回の苦情にかんして利用者家族に謝罪を再度行いたいことであり，保険者とも協力して苦情解決に向けて取り組んで行きたいとのことであった。

【指導・助言】

⑴　短期入所生活介護計画書については概ね4日以上利用される場合には速やかに計画書作成を行い，その計画に基づいたサービス提供を実施すること。

⑵　施設サービス計画書については，アセスメントの段階で利用者に起こり得るあらゆることを想定し，利用者側の意向も反映したうえで，より具体的な内容を計画に盛り込み，サービスの提供を実施すること。また，利用者側への確認についても署名，捺印，交付年月日等の漏れのないよう留意すること。

⑶　医療機関への入院が打撲によるものだと誤解を招かないためにも，その原因解明および再発防止にむけた，より入念な検討を施設全体で図る必要があった。

⑷　ケガを未然に防ぐ対策からケガが起きた際の原因解明，再発防止対策，さらに職員への周知徹底に至るまでのプロセスおよび方法について施設全体で検討すること。また，利用者家族に対しては，より具体的に説明を行い，納得してもらう必要がある。

⑸　二度にわたるケガの発見が，施設職員ではなく利用者家族が発見されていることから，施設に対する不信感を強めるものとなっている。また，皮膚科受診も「受診を勧める」のではなく，施設側も同行して受診すべきであった。

⑹　施設サービスの質の向上につながるよう利用者の状態の変化に留意し，職員が統一した意識を持って介護サービスを提供し，家族への信頼関係を構築すること。

⑺　苦情にかんしては施設内で実際に共有できているか再確認し，再度，職員への周知徹底を図ること。

【解　説】

　本事例も事例13，事例14に同じく，事故対応の不適切性を訴える苦情であり，①利用者のニーズに即したケアプランが策定されていなかったこと，②事故の原因究明や家族に対する説明が不十分であったこと，③施設全体での情報共有や再発防止の取り組みに消極的であったことなどが問題のポイントといえよう。

　ケアプランについては，少なくとも2ケ月間は策定されないままであったことから，その間は，職員の経験と勘に頼る主観的なサービスであったことになる。策定されたケアプランの内容についても利用者の状況が把握されたものとはなっていなかった。ニーズに即して策定されたケアプランであること，また，利用者の心身状況は日々変化していることから，ケアプランの見直しを随時行っていくことが大切である。

　本事例において被害者のケガは二度にわたり繰り返されており，しかも，その発見が二度ともに家族であることが，家族側からして不信感を強めることとなっている。高齢者においては

心身上の変化を自覚することには限界が認められる。殊に認知症や重度の障害を有する場合など当事者として主張することは難しい。常に利用者を観察し，確認し，推察していくことが求められる。

事例16　介護老人福祉施設「サービスの質」

【申立内容】

　家族が介護老人福祉施設に入所しているが十分な介護を受けていない。介護について苦情をいうと退所を促される。どのような介護を受けているかが心配で毎日施設に出向き，自分自身で介護を行っているため負担になっている。

【調査結果】

(1)　申立人が当該施設の主治医の診察を拒んだため，薬剤がなくなり，どうしたらよいか尋ねたところ家族で管理することになった。薬剤の内容も教えてくれない。

(2)　当該利用者についての心身の状況の把握，情報の共有については，ユニットごとに月2回の定例会議，申し送りノート，毎日の朝・夕礼等で情報の共有化を図っている。

(3)　「うちの看護・介護で満足できないのでしたら，他のよいところを探されたほうがいいんじゃないですか」と話した。

(4)　当該利用者は夜間になると特に不安定になられ，一晩に何十回とナースコールを押される。ナースコールは携帯電話で受け取られ，確実に介助者が対応している。それでも，夜勤帯の時間は，このように頻回なコールすべてにすぐに駆けつけることは難しく，待たせることもあった。

(5)　年度当初の4月や5月はどうしても新人が多く入り，不慣れな点があった。おむつ交換が長時間かかった介助者については，特別に指導を行った。現在，施設内の取り組みとして週に1回，他施設に新人を研修に行かせている。そのほか新人のための研修会も考えている。

(6)　苦情処理マニュアルは作成されていたが，このシステムにそって苦情解決が図られたことはない。第三者委員も選任されていない。

【指導・助言】

(1)　薬剤のことなどについて何度も説明し，話し合いも行ったとのことであるが，申立人は納得されていない。今後は，コミュニケーションの重要性を強く認識するとともに施設側から利用者およびその家族に対して積極的にコミュニケーションを図り，迅速かつ頻回に連絡をとることが求められる。

(2)　苦情解決マニュアルなどを見直し，すべての職員が共通理解のもとに対応できるようにするとともに，事業所内部だけでなく苦情解決に客観性，社会性を保つためにも第三者委員会を設置することも必要である。

(3) 当該利用者へのサービスの提供にあたって，新人職員が行ったおむつ交換に長時間かかったように利用者への心身の状況に応じた適切な技術による均質なサービスが提供されていない。

　サービスの「質」の向上を念頭において研修の機会をより一層確保するとともに，職員間での情報の共有化を（職員一人ひとりが均質的で継続的な対応が図られるように）一層徹底するとともに，適切なサービスを提供することができるよう従事者の勤務体制を整備すること。

(4) 当該利用者は「ナースコールに職員が応じてくれないことがある」と訴えている。施設側として「そのようなことはないはず」と回答されたているが，提出された「施設介護経過」には夜間の精神的に不安定な状態であったとき数十分間応じていなかったことが記載されている。

(5) 当該利用者が夜間，精神的に不安定な状態になぜなるのか，その原因を探るとともに，その原因の解決に努め，夜間，そのような状態にならないような環境を設定し，対応を図ることが望まれる。

(6) 「誠意」は言語を通じて，あるいは言語には示されない「ものごし」「態度」「姿勢」など体全体で表せるものである。常日頃から職員全体が誠意を持ってサービスの提供に努めてもらいたい。

【解　説】

　本事例は家族側の要望と施設側の対応の不一致がもたらす苦情，さらには，サービスの質を指摘する苦情といえる。家族側の要望に対する施設側の対応としては，何度かの話し合いの場を設定しているものの家族側の納得が得られない結果となっている。

　話し合いを重ねても家族側が納得してくれない理由としては，施設側が説明する内容そのものに対する疑問とともに，その背景には当該施設で日常に提供しているサービスの質が作用しているものと考えられる。具体的には，苦情申立てにあげられている長時間をかけてのおむつ交換やナースコールに応じてくれない対応である。これらのサービス内容に対する不満が家族側の要望に対する施設側の説明について納得が図られないことにつながっているといえよう。

　日常に提供しているサービスの質の向上を図っていくこととともに，家族とのコミュニケーションを図り，信頼関係を築いていくことが施設側の説明や対応に対する家族側の理解につながるものとなるはずである。

　総　括

　介護老人福祉施設利用者の重度化がすすむなかで事故のリスクも高まるものといえ，在宅サービスにかかわる苦情申立てに比べて施設サービスの場合，事故対応を要因とする割合は高い

傾向がうかがわれる。また，苦情申立人の立場においてサービスの特性やサービス整備状況などから施設サービスのケースが在宅サービスのケースより苦情申立てにむけて消極的となる傾向が指摘されているなかで，事故発生は利用者・家族からして施設側の過失を問いやすい苦情申立て要因ともいえよう。これらのことから施設サービスにかかわる事故発生防止対策や事故発生後の対応などリスクマネジメントの視点からのサービス提供が重要となってくる。

　事故を未然に防ぐためには事故を予見する情報を収集することが大切であり，そのためには，まずは利用者一人ひとりの心身上のより客観的なアセスメントが必要である。また，ヒヤリ・ハット報告や事故原因解明の情報を収集し，組織間で共有することも必要となろう。「小さな失敗を不用意に避けることは，将来起こりうる大きな失敗の準備をしているようだ」（畑村，2008）と指摘されるように，事故に至らなかったケースを含めて多くの情報を収集したうえで事故を予見することが大切であるといえよう。

6．施設系サービスⅡ（介護老人保健施設）

事例17　介護老人保健施設「退所の要求」

【申立内容】

　「他の医療機関に受診する利用者は，退所してもらう」と施設側にいわれたが，このことに対して納得いく説明がない。また，次の受入れ先（施設等）も決まらないまま退所させられたことに対しても納得いく説明がない。

【調査内容】

(1) 重要事項の説明および同意を得たということであったが，施設側からの一方的な同意書（利用者，扶養者の署名・押印のみ）であり，文章を交付して行うものではなかった。

(2) 利用者には以前から脱水症状からくる被害妄想，認知症がみられた。その後，被害妄想，認知症が進行し，施設入所となった。
　　精神科受診については考えたが，他の医療機関を受診していることからその医療機関に判断を任せることにした。

(3) 精神科の医療機関を受診させるために退所させた。

(4) 以前に施設と家族との間に金銭的なトラブルがあったこともあり，施設側も感情的になっていた。

【指導・助言】

(1) 説明および同意を得る場合には「重要事項」を記した説明書やパンフレットなどの文書を交付して説明を行い，利用者および施設側双方の立場から書面（契約書等）によって確認を行うこと。

(2) 入所者が他の医療機関に通院する際の付添いにかかる費用（人件費，車両の使用に係る費用等）については施設側が負担することが望ましい。

(3) サービスを提供することが困難な場合は，利用者および家族に対する十分な説明，他の機関を紹介するなどの措置を講じること。また，次の受入れ先が決まらないままでの退所を求めることがないようにすること。

【解　説】

本事例は納得のいかない理由にて退所を要求されたことに対する苦情である。施設側が退所を要求した理由は，利用者の精神機能（認知症）低下にともない精神科医療機関への入院が適切であると判断されたためであるとのことであった。

介護老人保健施設における利用者の退所にかんして「介護老人保健施設の人員，施設及び運営に関する基準」（厚生労働省令，以下「運営基準」）では，提供拒否の禁止（第5条の2）の規定が「介護老人保健施設は，正当な理由なく介護保険施設サービスの提供を拒んではならない」として定められている。ここでいう「正当な理由」とは，要介護度や所得の多寡を理由にサービスの提供を拒否することを禁止するものであり，入院治療の必要がある場合，その他入所者に対して自ら適切な介護保健施設サービスを提供することが困難な場合が想定されている。

本事例の場合，利用者の心身状況などからして退所の理由が正当な理由に該当しないと判断できるものではなく，そのことを施設側の問題点として指摘しているわけではない。運営基準に基づき適切でなかったことは，正当な理由でのサービス提供拒否であっても当該施設においては病状などを勘案し，他の病院や診療所を紹介するなど適切な措置を速やかに講じなければならなかったにもかかわらず，そのことが行われなかったことである。

受け入れ先が決まらないままでの退所の要求は，利用者，家族にとって多大な不安をもたらし，負担感を負わせることになることは容易に想像できる。しかも，退所が要求される背景として，施設と家族との金銭的なトラブル（通院にかかわる利用者側の費用負担に対する不満）があったことは否定できず，両者が感情的になってしまっていたとものと考えられる。

指導・助言の内容のとおり，金銭的なトラブルの非として施設側に問われるものがあったなかでの退所の要求については，家族側の受け止め方として心身的な理由での退所というより，金銭的なトラブルがあったことからの退所という受け止め方になってしまう。

事例18　介護老人保健施設「骨折事故」

【申立内容】

施設内の事故で骨折したことに対して納得いく説明がない。また，施設内の事故にもかかわらず，すべて本人の責任にされた。さらに施設内の事故にもかかわらず，損害賠償や医療機関受診にかんする個人負担等に対して納得のいく説明もない。

【調査結果】

(1) 事故報告書は介護保険者から施設側に提出を求められてから提出されている。また，保険者へ提出している報告書と施設内部で供覧している報告書で，事故発生時間，原因および事故の区分（転倒や転落など）などについて記載の違いが認められた。施設側は正確な発生時間や原因は分からないとのことであった。

(2) 原因が特定できないことと，利用者の家族が当初から施設側の賠償責任を強く主張されたこともあり，文書では報告を行うことができなかった。しかし，利用者側に対しては誠意を持って誠実に対応したと考えているとのことであった。

(2) 施設側としては補償には応じないという姿勢ではない。骨折の原因が不明であることもあり損害賠償の適応ではなく，傷害保険で対応を考えているとのことであった。

(3) 利用者の家族間で意見の食い違い（損害賠償にかんすること）がうかがわれたので家族としての統一された見解を出してもらうように伝えており，それに対して利用者側から回答がない状況であり，放置したままではないとの見解であった。

(4) 施設側は利用者側に対して利用者が医療機関に入院した際にかかった治療費については検討すると伝え，請求書を預かっただけで全額支払うとはいっていないとのことであった。

(5) 安全委員会を設置しているが，実際には全く機能していない。今後，機能するように検討していきたい。

【指導・助言】

(1) 事故発生時の対応については運営基準に規定されているので事故が発生したら速やかに利用者側（家族等）への連絡および介護保険者への報告を行うこと。また，利用者側に対して口頭での説明が難しい場合は文書などを用いて状況等の説明を行う必要がある。

(2) 第三者委員会を定期的に開催し，第三者委員との意見交換を行うなど利用者のオンブズマン的役割でもある第三者委員をもっと活用すること。なお，定期的な第三者委員会の開催が困難な場合は施設の状況報告などを第三者委員に送付し，第三者委員からの意見を聴取することもあわせて検討すること。

(3) 利用者の状態の記録が不十分な部分が見受けられるので運営基準上の施設サービスの提供にかんする諸記録を整備するという観点から利用者がケガを負ったことなどの重要な事項は必ず記載すること。

(4) 調査の結果，今回の事故に対する認識が希薄であったと考えられ，ベッドからの転落，転倒が疑われるような事故について，たとえ事故原因が不明であっても施設側として重大な事態が発生したとの認識を持ち，今後の運営にこころがけること。

【解　説】

本事例は施設内での事故にかかわる苦情である。その内容は，事故発生に対する不満ととも

に事故発生後の対応に対する不満が重積したものとなっている。指導・助言の内容を踏まえて主に次のことが施設側の対応としての問題点が指摘できる。

まずは，事故発生についての問題点として，利用者の心身状況から，認知症の症状などからして転倒，転落のリスクは予測されたにもかかわらず，その対策が不十分であったということがあげられる。予測できるリスクについては，そのリスクを回避，軽減するための最大限の対策を講じておかなければならない。

次に事故発生後の対応についての問題点であるが，本事例の場合，事故発生についての問題点より事故発生後の対応にかかわる問題点が重大であり，家族の不満をもたらす結果となっている。

施設内で発生した事故により骨折という状態をもたらしたにもかかわらず，次のことなどから，施設側にその重大性が認識されていなかったと判断できる。

① なぜ，当該事故が発生したのか，事故原因の分析が十分に行われておらず，原因が特定できないとして処理され，再発防止にむけての対策も考えられていない。

② 事故報告書の記載内容について，内部のものと保険者へのものとに明らかな差が認められ，事実確認が曖昧になっている。また，日常のサービス提供記録など記録物についてもその内容は具体性に欠けており，利用者の状態やサービス提供内容など把握することに支障をもたらしている。

③ 家族への事故報告をはじめ，原因説明，改善計画などの対応が遅く，時間の遅滞が新たな不満を招いている。

事故防止の基本として，どのような場面においても事故が発生する可能性を認識したうえで，特に当該利用者のようにリスクの高い利用者においてはケアプランにそのことを反映させ，担当者間で情報共有しておくことが求められる。

また，事故発生後の対応についても，組織として対応できる体制を整え，マニュアルを整備し，事故原因分析を徹底的に行い，事故再発防止にむけての取り組みを行わなければならない。

当該施設においてはこのようなことが実施さていなかったなかでの必然的な事故発生であり，苦情申立てといえよう。

事例19　介護老人保健施設「切断事故」
【申立内容】

入所中の家族が入浴介助を受けているときに指を切断する事故が発生した。この事故発生の原因および事故後の対応，事故当初の説明が不十分であり，事故後の利用者ならびにその家族に対する思いやりが感じられない。

【調査結果】

(1) 通常，浴室での直接介助者は2人であった。浴室へは2人の利用者が同時に入り，介助については1人の利用者に対して1人の介助者で対応している。

(2) シャワーチェアーで洗身介助を行った後，チェアーを浴槽内に移動させる際，端座位の姿勢から長座位の状態にする必要があったため介助者が手動で膝受け部分を上げる操作をした場面で当該利用者の左手第二指が座面と膝受け部分の隙間にあったため座面を支える棒によって切断されてしまった。

(3) リフトの操作を行う際，その直前に利用者の手足の位置確認は行っていたが，介助者は下を向いて操作を手動で行わなければならないため一瞬利用者から目が離れてしまう。

(4) 介助する際，上半身に2箇所，下半身に1箇所の安全ベルトが装着されるようになっていた。両手部分は手すりをしっかり握っておく必要があるため，手すりに腕を固定するマジックベルトを使用する場合もあるが，当該利用者は左半身に不全麻痺があるとはいえリフト浴には慣れておられ，職員の話しも理解されていたため使用していなかった。

(5) 通常，入浴介助の際にはプライバシーの確保のため下半身にタオルを掛けている。事故時は洗身介助も終わり，浴槽に入れる段階であったためタオルは外していた。機械を操作する際，利用者の下半身が介助者の目の位置にあたるので思わず当該利用者が手を下ろして隠そうとされた可能性もある。

(6) 事故について職員に対しての周知は事故の説明と対応策の説明を当日と翌日の2回に分けて事故現場において職員全員に行った。

(7) 事故対応マニュアルには事故発生後に作成されていた。

(8) 職員研修は定期研修を年3回行われており，新人職員が入った場合は1ヵ月間は指導者がついて教育を行い，入浴介助もともに行っている。

(9) 事故後は毎日始業前に入浴器具の点検は行うように取り決め，実行している。

(10) 新しい機器を導入するごとにマニュアルの改正を行い，当初1ヵ月は操作方法等の研修も行っていた。しかし，定期的な研修は行っていなかった。なお，入浴リフトを購入した当初，作成したマニュアルは事故が起きるまで変更などは行われていなかった。

(11) 苦情取扱規定は実際には活用されておらず，職員への周知も十分に行われていなかった。苦情解決のシステムが確立されているとは言い難い状況であった。

(12) 事故当日，当該利用者が運ばれた病院で家族（申立人の家族）に職員が謝罪した。その後，正式な謝罪は行わなかったが，受診の度に治療経過の説明を行っていた。苦情として認識したのは約5ヶ月後，家族が施設に来られた際に申立人が不満に思っていることを話されてからとのことであった。その後，申立人側から誠意をみせてほしいとの要望を受けて責任者が出向き，示談金を支払った。

⒀ 提出された記録以外に毎日の利用者の状況が分かる記録がないかと尋ねたところ，ケース記録として手書きのものが別にあるとのことであった。

【指導・助言】

⑴ 苦情申立てに至った大きな要因の一つに管理者を含めた施設側の事故後の対応の遅れがあげられ，組織内における連絡・報告機能が果たされていないことが影響していると考えられる。

　今後は，異職種間（事務所等）でも情報の共有化，一本化を進めることが重要であり，連絡体制の強化を図る必要がある。そのためには管理者側と現場側とのミーティングの場を日常的に設け，報告書等は最初から書式自体に管理者側，事務所側が行った指示や対応を記入する欄を整備すること。

　多数の職種が存在する老人保健施設内の管理には，指揮命令系統を一本化していくことが重要である。施設内での業務内容をすべて見直し，各自の役割分担，責任の所在をはっきりさせることが必要である。

⑵ 記録は，きちんと時系列的に整理し，誰がいつ読んでも理解できるような様式で整備し，利用者家族や第三者が閲覧，謄写を求めた場合，迅速に対応できるよう保存する必要がある。事故の状況および事故に際して採った処置や苦情の内容等の記録についても同様であり，ケースごとにまとめ，整備すること。

⑶ マニュアルの作成にあたっては専門的意見の聴取も必要である。改めて利用者個々の身体的状況のアセスメントや入浴方法の検討を多職種間で行うこと。また，マニュアルは詳細に介助動作を分析して作成し，新人職員が初めてその書類を見るだけで介助を行うことが可能とする必要がある。

　以上を踏まえ，業務マニュアルのチェックおよび変更の検討を定期的に行うと同時に変化していく利用者の身体状況等の情報のフィードバックを常に行っていくこと。これはすべての介護サービスについてもあてはまり，作成されたマニュアルは個々人のケアプランとつき合わせて吟味する必要もある。職員一人ひとりが事故防止に向けての認識を深めていくことが重要である。

　機器の整備点検等においても詳細に取り扱い説明書を見直し，不明な点のないようにすること。必要とされる点検は確実に行われる体制をつくり，その責任の所在をはっきりさせること。整備内容の記録等も残しておく必要がある。

⑷ 当該施設では「苦情処理取扱規程」が作成されている。この規程を機能させるために重要事項説明書等に明記し，利用者や家族に認知してもらい，職員すべてが苦情解決システムを理解する必要がある。

　取扱規程以外にもいくつか苦情解決のシステムが設けられているので，それぞれの機能を

明確にし，そのうえで苦情処理の仕組みを図式化するなど利用者にも理解できるように示して交付および説明する，または，施設内に大きく掲示することなどが必要である。

　苦情や事故は，その判断や対応策を施設側だけで考えるのではなく，第三者委員等のより積極的な参加を求め，外部からの意見を取り入れることが望ましい。

(5) 苦情を未然に防止することおよび利用者の日常的な不平，不満，疑問に対応してサービスの改善をめざすための制度として介護相談員等派遣事業がある。より積極的に介護相談員を受け入れ，連携を深めること。また，施設内での苦情解決の仕組みのなかにも取り入れて，その位置づけを明確にすること。

【解　説】

　本事例も事例18に同じく事故発生とそれにともなう事故対応に対する苦情である。

　介護老人保健施設など介護事業所で発生する事故の場面として，入浴場面はリスクの高い場面の一つである。本事例の場合，車椅子を活用しての上下する移動式浴槽を使用した入浴であったため，機器の使い方しだいで大事故につながる危険性を有するものといえる。また，当該利用者のように自らの意思伝達に障害のある者の割合は特に介護保険施設利用者の場合に多く，このような利用者にむけの入浴サービスなどリスクの高い場面でのサービス提供に際しては細心の注意が払わなければならない。

　入浴サービスについてはリスクの高い場面であるとともに，日常的に提供される頻度の高いサービスともいえる。提供される頻度の高いサービスにおいては一般的にマンネリ化する傾向が指摘される。一般的に入所者50名以上規模の介護老人保健施設のように大人数の利用者を限定された職員によって，定期的に入浴させるなどの場面においては，サービスの形態，環境，方法，時間帯などマンネリ化する傾向がうかがわれる。

　事故が起こりやすい場面や利用者，そして，マンネリ化する傾向のあるサービス提供場面という二重，三重のリスクがあったなかで入浴介助中の指切断という事故が発生している。リスクの高い場面でのサービス提供については，事故防止を念頭においたサービス提供場面ごとのマニュアルの整備と研修の定期的な開催が必要であるといえよう。

　また，本事例において苦情申立てに至る背景として，施設側が家族側の不満を十分に把握できないまま長期間放置されていたことがあげられる。保険者への事故報告については比較的早期に対応されていたにもかかわらず，施設内での連絡，報告体制が機能していなかったことから，家族の不満を認識できたのは事故発生後5カ月が経過してからであった。当該施設での苦情解決システムが機能し，早期の対応がなされていれば家族側の施設側に対する受け止め方や態度も違ったものになったともいえよう。

事例 20　介護老人保健施設「不適切な発言」

【申立内容】

　家族として施設職員に不適切な発言を受けたことおよびその際に周りにいた他の職員に大声で笑われたことで精神的に大きなショックを受けた。その他にも介護に携わる者としてあるまじき言動があった。また，施設側の衛生面での配慮が行き届いていない。

【調査結果】

⑴　不適切な発言については何気ない発言であって，相手を侮辱するつもりはなかったが，結果的に相手を傷つけたことは反省し，翌日，謝罪に出向いた。

⑵　度重なる暴言などについては家族側と施設側の言い分が違い，事実を確認することはできなかった。

⑶　シーツの交換は基本的に1週間に1回で，汚れを確認した際はその都度交換している。

⑷　苦情への対応は主に事務長，相談員が行い，毎回同様の苦情に繰り返し時間を割いていた。

⑸　施設内での苦情対応にかかわる委員会は毎月開催していて，今回の苦情にかんしては施設職員に感想文を書かせて反省を促した。

⑹　第三者委員会はこれまでに一度も開催されていないが，今後は積極的に活用していきたい。

⑺　サービス提供実施にかんする記録の時刻，担当者名の記載漏れが数箇所見受けられた。

⑻　施設利用同意書は利用者側の押印のみで，施設側の押印したものは利用者側には渡していないとのことで利用に際しての利用者側への説明も不十分であった。

【指導・助言】

⑴　今回の苦情の原因となった不適切な発言を「何気ない発言」という軽い認識で捉えられているようであるが，今後は「決してあってはならない発言」という認識のうえで常に利用者側の立場に立ったサービス提供を考えること。

⑵　利用者の呼び方については援助者と利用者との関係を認識したうえで，人格を尊重した呼び方を検討するなど特に利用者への言葉遣いについて研修を実施すること。

⑶　今後とも衛生管理については，常に気を配り，速やかに対応すること。

⑷　利用者のみならず，その家族に対しても誠意をもって接し，相互のコミュニケーションを図るなかで連携を深めるように努めること。

⑸　利用者のオンブズマン的役割でもある第三者委員との意見交換を行える貴重な場である第三者委員会は苦情発生時だけではなく，苦情を未然に防ぐ意味でも定期的に開催すること。

⑹　介護サービスの提供開始に際しては，利用者側と十分に話し合いを行い，双方納得したかたち（利用者側および事業者側双方署名・押印した同意書又は契約書）で行うこと。

⑺　サービス提供の記録は，いつ，誰が，どのようなサービスや対応を行い，その時利用者がどのような状態であったかなどが明確に理解できるよう整備し，記載漏れがないよう留意す

ること。

【解　説】

　本事例は職員の利用者や家族に発せられた言葉に対する苦情である。ひとりの職員の何気ない言葉が，利用者や家族の気持ちを大きく傷つけ，その職員のみならず，組織全体に対する信頼感を喪失させてしまう結果となっている。利用者や家族にむけて発せられた言葉の不適切性が確認され，また，組織としての利用者やサービス提供に対する認識が適切ではなく，対応に問題があったことからの指導・助言となっている。

　すなわち，当該職員による不適切な言葉が発せられたこと自体に問題があるとともに不適切な言葉を発したことに対しての不適切性が認識できない組織全体に問題が指摘できる。

　当該職員から発せられた不適切な言葉は，たまたま，何気なく発せられた言葉だったのか，また，その職員だけがそのような不適切な言葉を発していたのか。それまでも同類の言葉が使われていたことから偶発的に発せられた言葉とは考えられなかった。また，不適切な言葉が発せられた直後，周囲にいた複数の職員もその言葉に乗じてみんなで笑ったことから，限定された職員だけが発していた言葉とも考えられなかった。

　言葉は，発する人間の発せられる相手にむけての対象者観が反映される。サービス提供者である場合，提供するサービスに込められる理念，価値観が，利用者に対する言葉，態度，表情，姿勢に表出され，サービスの内容に反映される。

　当該職員から発せられた不適切な言葉は，日常に抱いている利用者に対するネガティブ（否定的）な対象者観や，介護サービスに対するマイナスに作用する理念や価値観が必然的に表出されたものと考えられる。また，シーツ交換など衛生上への配慮不足もこのことが影響していたとも考えられる。

　事業者として，また，同組織に所属する職員一人ひとりの，サービス，対象者に対する「思い」がポジティブ（肯定的）なものであることが，サービスの質の向上にむけての基盤となる。利用者の人格を尊重し，常に利用者の立場に立ったサービスを心がけることが重要である。

　また，苦情発生から解決策が見つけられず，長期間経過しているなかでこのような場合であるとき，第三者に意見を聴き，問題解決につなげる第三者委員会など開催することも有効であるといえよう。

総　括

　介護老人保健施設の場合も介護老人福祉施と同様に利用者の重度化がすすむなかで事故のリスクも高まるものといえ，事故対応を要因とする苦情申立ての割合は高い傾向がうかがわれる。したがって，施設サービスにかかわる事故発生防止対策や事故発生後の対応などリスクマネジメントの視点からのサービス提供が重要となってくる。

施設利用者の重度化の傾向は，施設利用者に対するサービス提供にも影響をもたらし，職員の負担をともなうことにつながる場合がある。また，多数の施設利用待機者の存在を背景として，これらの要因が施設退所（サービス提供拒否）をうながすことに作用する危険性をはらむ。多数の施設利用待機者の存在はサービスの質的低下をもたらす要因の一つとしてもあげられよう。

　介護老人保健施設など介護保険施設利用の場合，その多くが家庭での介護に限界があるなかでの選択であること，退所先として再び家庭という選択肢の可能性は低いこと，そのなかで重度の高齢者を施設に預けている家族の苦しい心理状況を察したサービスの提供が求められる。

第4章 苦情が申立てられた事業者の共通性

　筆者がこれまでにかかわった苦情申立ての事例から，苦情が申立てられた事業者には一定の共通性がうかがわれた。
　そこで本章では，苦情申立て事例の分析（苦情が申立てられた事業者に対する苦情処理機関である国民健康保険団体連合会からの指導・助言の内容分析）[注2]に基づき，苦情が申立てられた事業者の共通性について同事業者が陥っている状況を明らかにし，介護保険サービスにかかわる運営基準（厚生労働省令）上に要求されている内容を通して改善にむけての方向性を示すこととしたい。

1. サービスの質と苦情申立て

　苦情申立につながる要因は日常に提供されているサービスの質が作用しているものと考えられる。サービスの質は苦情申立てに作用するいわば間接的な要因として捉えることができる。間接的要因が日常のサービス提供の場面で潜在するなかで，直接的要因となるものが発生し，加味され，両要因が作用して苦情申立てに至ることとなる。

　それは例えば，サービス利用者の事故にともなう苦情申立ての場合，直接的要因としては事故発生やその対応，間接的要因としては，マニュアルの不備，研修の未実施，ケアプランの不十分性などがあげられることとなる。すなわち，マニュアルの不備，研修の未実施，ケアプランの不十分性などの間接的要因が，事故発生という直接的要因に作用して苦情申立てに至るという構造である

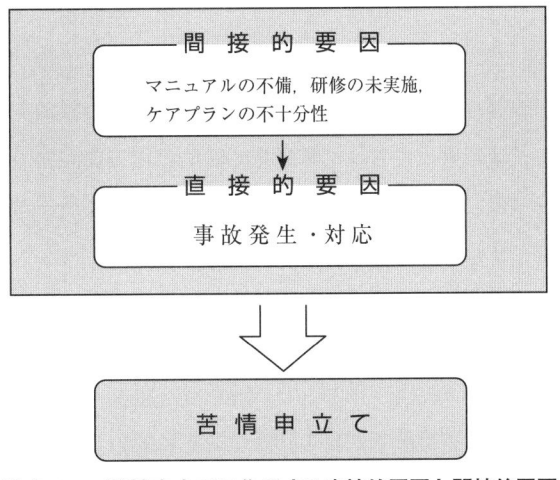

図表4-1　苦情申立てに作用する直接的要因と間接的要因

図表 4-2　苦情申立てに作用するサービス提供場面

サービス提供場面	内　　容
契約（インフォームドコンセント）上の手続き	重要事項文書の交付 契約書の交付 契約書での署名捺印 懇切丁寧な説明
職員間の情報共有	職員間の意思疎通 情報共有システムの強化 職員間によるサービスの格差
ケアマネジメントに基づくサービスの提供	ニーズに応じたサービスの提供 ケアプランの吟味 ケアプランに基づくサービスの提供 利用者・家族に対するケアプランの交付
事業者と利用者・家族間の意思疎通	利用者・家族との話し合い 利用者・家族との信頼関係の構築 利用者・家族側に配慮されたかかわり
家族に対する連絡・報告	事故などの連絡・報告 連絡・報告の遅滞 状況変化の家族側による発見
サービス提供体制の整備	職員体制の整備 研修システムの整備や実施 マニュアルの整備
記録の整備	記録の有効的活用 記録の記載内容の整備
事業者・職員の資質	人格尊重の意識 利用者主体の関係性 態度・表情・ことば遣い
苦情対応体制の整備	苦情という認識の欠如 苦情対応システムの整備 苦情対応にかかわる時間の遅滞 納得のいかない回答

（図表 4-1「苦情申立てに作用する直接的要因と間接的要因」）。

　苦情が申立てられた事業者に対する国民健康保険団体連合会からの指導・助言の分析より，苦情申立てに作用する間接的要因が潜在するサービス提供場面としては図表 4-2（「苦情申立てに作用するサービス提供場面」）のとおり，①契約（インフォームドコンセント）上の手続き，②職員間の情報共有，③ケアマネジメントに基づくサービスの提供，④事業者・利用者（家族）間の意思疎通，⑤家族への連絡・報告，⑥記録の整備，⑦サービス提供体制の整備，⑧事業者・職員の資質，⑨苦情処理体制の整備の9つの場面があげられる。

　これら9つのサービス場面に潜在している問題は，苦情が申立てられた事業者が日常的に陥っている問題といえる。各場面においてその機能が低下した場合に苦情申立てにつながるとと

```
                    サービスの質の向上
                           ↑
                          強 化
   ┌────┬────┬────┬────┬────┬────┬────┬────┬────┐
   │契約 │職員 │ケア │事業 │家族 │サー │記録 │事業 │苦情 │
   │(イン│間の │マネ │者と │に対 │ビス │の整 │者・ │対応 │
   │フォー│情報 │ジメ │利用 │する │提供 │備   │職員 │体制 │
   │ムド │共有 │ント │者・ │連絡 │体制 │     │の資 │の整 │
   │コン │     │に基 │家族 │・報 │の整 │     │質   │備   │
   │セン │     │づく │間の │告   │備   │     │     │     │
   │ト) │     │サー │意思 │     │     │     │     │     │
   │上の │     │ビス │疎通 │     │     │     │     │     │
   │手続 │     │の提 │     │     │     │     │     │     │
   │き   │     │供   │     │     │     │     │     │     │
   └────┴────┴────┴────┴────┴────┴────┴────┴────┘
                          低 下
                           ↓
            苦情申立てに作用する直接的要因（事故等）
                           ↓
                         苦情申立て
```

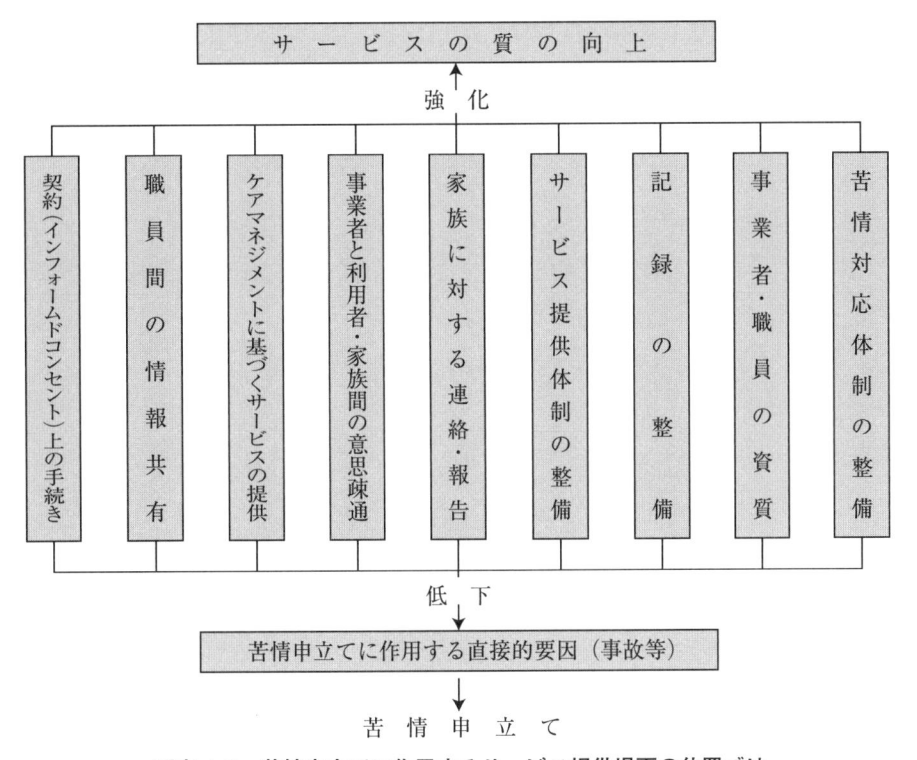

図表 4-3 苦情申立てに作用するサービス提供場面の位置づけ

もに，逆に強化された場合にはサービスの質的向上につながるものとなって作用するものと考えられる（図表 4-3「苦情申立てに作用するサービス提供場面の位置づけ」）。

2. 事業者が陥っている共通した状況 ―苦情申立てに作用する9つの場面から―

　苦情申立てのある事業者が日常的にどのような問題となる状況に陥っているのか，9つの場面それぞれに詳しくみていくことにしたい。併せて，問題として指摘される状況において介護保険サービスにかかわる運営基準（厚生労働省令）上ではどのように要求されているのかについても確認しておきたい。

(1) 契約（インフォームドコンセント）上の手続き

　サービス利用開始に際して事業者と利用者・家族間で行われる手続き上にトラブルが生じており，契約において説明と同意（インフォームドコンセント）が十分になされていない状況が指摘される。キーワードとして「重要事項文書の交付」「契約書の交付」「契約書での署名捺印」「懇切丁寧な説明」があげられる。

「重要事項文書の交付」や「契約書の交付」ではそれぞれの文書を交付しないなかでの契約締結になっていること，「契約書での署名捺印」では契約書は交付されているものの事業者側および利用者側それぞれに署名捺印がなされておらず，相互に確認されたものとしてはみなされないこと，また，「懇切丁寧な説明」では事業者側の分かりにくい説明や説明不足，一方的な説明に対する問題があげられる。

適切な契約上の手続きによって「サービス提供・利用にむけて事業者と利用者・家族が相互に合意し，納得し，対等な関係をつくる」「利用するサービスについて具体的に，正確にイメージする」「サービス利用に際しての不安を軽減するとともに過剰な期待を払拭する」ことが期待される。

介護保険制度においては契約システムによりサービス利用を決定することとなっており，契約にかんする規定について運営基準（「指定居宅サービス等の事業の人員，設備及び運営に関する基準」，以下，運営基準）では事業者は当該事業の開始に際し，あらかじめ，利用申込者またはその家族に対し，「運営規程」の概要，当該事業の勤務の体制，事故発生時の対応，苦情処理の体制など利用申し込者のサービスの選択に資すると認められる重要事項を記した文書を交付して説明を行い，サービス提供の開始について利用申し込者の同意を得なければならないとされている（第8条）。

同時に重要事項については，事業所の見やすい場所に掲示することにもなっている（第32条）。なお，「運営規程」とは，当該事業にかかわる事業目的や運営の方針，従業者の職種や人数および職務内容，営業日や営業時間，利用料金などが記された重要事項にかんする規定を指す（第29条）。

このような運営基準での規定を踏まえて契約上での手続きにかかわる場面では，① あらかじめに「運営規程」を準備すること，その「運営規程」は，利用者・家族に理解できるものなければならず，わかりやすい説明書やパンフレットなどを準備することが必要となる。また，② 「運営規程」について，交付したうえで，懇切丁寧に説明を行うこと，そして，③ 同意を得た場合，利用者，事業者それぞれに書面によって確認することが要求されている。

(2) 職員間の情報共有

サービス利用者にかかわる情報について事業者・職員が共有できていない状況が指摘される。キーワードとして「職員間の意思疎通」「情報共有システムの強化」「職員間によるサービスの格差」があげられる。

「職員間の意思疎通」ではサービス担当職員間でコミュニケーションが図られていないことから利用者にかかわる情報共有に支障が生じていること，「連絡体制システムの強化」では情報共有する場面としてカンファレンスやミーティングなどが十分に開催されておらず，機能し

ていない状況から連絡体制システムが整備されていないこと，「職員間によるサービスの格差」では職員間での情報が共有できていない状況からサービスの内容に格差が生じている状況があげられる。

　職員間の情報共有を図ることにより「職員間のサービス提供上のズレを解消する」「連続的で均質的なサービスを一貫性をもって提供する」「利用者のニーズや変化に応じて利用者主体のサービスを提供する」ことが期待される。

　情報共有にかかわる規定について運営基準では，サービス利用者にかかわる居宅介護支援事業者が開催するサービス担当者会議などを通じて，利用者の心身の状況，その置かれている環境，他のサービスの利用状況などの把握に努めなければならないとされている（第13条）。サービス担当者会議とは，介護支援専門員がサービス事業者や利用者・家族などを集めて，利用者のニーズやサービス提供の目的，見合うサービスを確認し，情報を共有する会議を指し，複数のサービス利用における事業者間の情報共有を図る場面といえる。サービス担当者会議では，情報共有を行いながら，居宅介護支援事業者やサービス提供事業者と密接な連携に努めなければならないこととなっている（第14条）。

　事業所内での担当する職員間の情報共有を図る場面としては，毎日開催されるミーティング，定期，随時に開催されるカンファレンス，あるいは，その都度あげられる報告や毎回記載される記録物などがあげられる。これらは事業所全体として，また，部署ごと，職種ごと，個人間で行われることとなる。

　介護保険サービスなどにおいては正規雇用の職員に加え，非正規雇用の職員も含めてサービス担当職員として利用者・家族とのかかわりをもつなかで，情報共有の機能低下を防止する取り組みの強化が重要になっている。

　なお，業務上に知り得た利用者または家族にかかわる情報については漏らしてはならないこと，サービス担当者会議等においてこれらの個人情報を用いる場合は利用者や家族の同意をあらかじめ文書により得ておかなければならいようになっている（第32条）。

(3)　ケアマネジメントに基づくサービスの提供

　アセスメントによるニーズの把握，ケアプランの策定と同プランに基づく実行，モニタリングによる評価という一連のケアマネジメントに基づき提供されことが要求されている介護保険サービスにおいて，そのことが実施されていない状況が指摘される。キーワードとして「ニーズに応じたサービスの提供」「ケアプランの吟味」「ケアプランに基づくサービスの提供」「利用者・家族に対するケアプランの交付」があげられる。

　「ニーズに応じたサービスの提供」では利用者の心身状況や特性，家族の状況などを事業者側として把握できていないこと，「ケアプランの吟味」では把握されたニーズに即したケアプ

ランが作成されておらず，ケアプランの機能が果たされていないこと，「ケアプランに基づくサービスの提供」では策定されているケアプランどおりに実行されていないこと，「利用者・家族に対するケアプランの交付」では利用者や家族が，自らを対象として策定されているケアプランについて交付されないままに理解できていないことがあげられる。

　適切なケアマネジメントに基づくサービスを提供することにより「思いつきの主観的なサービスではなく，科学的で客観的なサービスの提供」「利用者・家族のニーズに応じたサービスの提供」「均質的で連続したサービスの提供」が期待される。

　ケマネジメントにかんする規定について運営基準では，まず，利用者にむけて複数のサービスを網羅したサービス計画として居宅介護支援事業者による居宅サービス計画の作成や同計画に基づく各種サービスの提供が定められている。次に，この居宅サービス計画に盛り込まれているサービス種別ごとのサービス計画の作成，すなわち，訪問介護には訪問介護計画，通所介護には通所介護計画の作成や同計画に基づくサービスの提供が定められるものとなっている（第24条）。

　さらに運営基準においてサービス種別ごとのサービス計画では，①利用者の日常生活全般の状況および希望を踏まえて，サービス提供目標，その目標を達成するための具体的な内容を記載しなければならないこと，②複数のサービスを含んで作成されている居宅サービス計画（ケアプラン）の内容に沿って作成されなければならないこと，③サービス提供責任者はサービス計画作成にあたってその内容について利用者またはその家族に対して説明し，利用者の同意を得なければならないこと，④サービス提供責任者は当該計画を作成した際には同計画を利用者に交付しなければならないこと，⑤サービス提供責任者はサービス計画作成後，同計画の実施状況の把握を行い，必要に応じて同計画の変更を行うことが定められるものとなっている（第24条）。

　このような一連の手続きとして行われるケアマネジメントのプロセスが実践現場で展開され，機能するか否か，不十分な場合，上述したトラブルの発生に作用することとなろう。事故発生などさまざまなリスク発生に備え，予防するためのリスクマネジメントについてもケアマネジメントに含まれるものであり，サービス提供上に発生するリスクを予測し，回避するための準備をしておくことが求められる。

　また，居宅サービス計画，各種サービス計画においては同計画を担当するサービス提供担当者（職員）が正確に理解し，実行できるかが重要であり，絵餅になってしまっている実態も指摘されている。

(4) 事業者と利用者・家族間の意思疎通

　サービス事業者とサービス利用者・家族の間でコニュニケーションが図られていないことか

ら，誤解を招いたり，疑心暗鬼になったりという状況が指摘される。キーワードとして「利用者・家族との話し合い」「利用者・家族との信頼関係の構築」「利用者・家族側に配慮されたかかわり」があげられる。

「家族との信頼関係の構築」では事業者側から利用者・家族側にむけてコミュニケーションを図ろうとする行為が消極的であるなかで，サービス利用者・家族と事業者との間に信頼関係が築かれることなく，ネガティブ（批判的）な感情が生じていること，「利用者・家族との話し合い」では利用者・家族から事業者に対して意見や要望などがあった場合，あるいは，利用者の状況の変化やサービスの変更などにともなう場合など事業者側と利用者・家族側との話し合いが必要となる場面においてそのことが実施されていないこと，「利用者・家族側に配慮されたかかわり」では利用者・家族側の立場を理解したうえでの事業者（職員）側としての利用者・家族に対する言葉かけや態度，姿勢などについて適切なかかわりがなされていないことがあげられる。

事業者と利用者・家族間の意思疎通を図ることにより「利用者・家族からの信頼感を醸成する」「事業者やサービスについて正しく理解し，認識してもらう」「利用者・家族の要望を把握し，サービスに反映させる」ことが期待される。

意思疎通にかんする規定として運営基準では，事業者は利用者の意思および人格を尊重して常に利用者立場に立ったサービス提供に努めなければならないこと（第3条），利用者の状態の変化やサービスにかんする意向を定期的に把握すること（第28条）などとなっている。

意思疎通を図る方法としては，個別でのアプローチとともに集団的なアプローチ，また，利用者・家族に対して事業者が直接的にアプローチする方法と，会報の発行などを通しての間接的なアプローチの方法も想定される。

個別でのアプローチとしては，サービス提供時での場面が中心となろう。利用者に対する声掛けや確認，感想，評価，要望など示しやすい配慮のなかでこころがけるとともに，家族に対しても同様な働きかけが大切になろう。

集団的なアプローチとしては，自治会や家族会などを組織化したうえでの同場面を通じての働きかけなどがあげられる。個別では示し難いものであっても集団では容易になることもあり，家族会など組織を通じて利用者や家族の全体の総意として事業者にむけられることにもなる。自治会や家族会などの組織化は事業者と利用者・家族との対等な関係性の構築にも寄与するものとなろう。

(5) 家族に対する連絡・報告

サービス提供時において利用者にかかわる情報について，体調などに変化があった場合，事故が発生し，ケガなど負傷を負った場合，環境上に変化があった場合など家族に対して連絡・

報告が行われていない状況が指摘される。キーワードとして「事故などの連絡・報告」「連絡・報告の遅滞」「状況変化の家族側による発見」があげられる。

「事故などの連絡・報告」ではサービス提供時に利用者に対しての事故などが発生したり，心身上の変化があった場合など事業者側から家族に対してその連絡・報告がなされていないことや詳しく説明がなされていないこと，「連絡・報告の遅滞」では事故など利用者の状況に変化があり，そのことを家族に対して連絡・報告される場合，かなりの時間が経過したなかでの連絡・報告になっていること，「状況変化の家族側による発見」では利用者側の状況の変化について，家族に対して事業者側からの連絡・報告がないままに家族がその変化などについて発見し，事業者側に指摘していることがあげられる。

家族に対する連絡・報告を図ることにより，家族として「利用者の変化やリスクを把握する」「事業者に対するポジティブ（肯定的）な感情の醸成」「サービスの主体的な利用」が期待される。

家族に対する連絡・報告にかんする規定として運営基準では事故発生時の場面で明示されている。すなわち，利用者に対してサービス提供により事故が発生した場合は，市町村，当該利用者の家族，当該利用者にかかわる居宅介護事業者等に連絡を行うとともに必要な措置を講じなければならないとされている（第37条）。

事故発生時だけではなく，家族に対する連絡・報告については利用者の状況などについて定期的な連絡・報告を行い，心身状況の変化がある場合などは随時に行われることが求められる。些細なことであっても，連絡・報告を受けることによって，事業者側の配慮として，また，細かく利用者の状況を把握しもらっているという印象をもって家族として好意的に受け止められることになる。

さらには，連絡・報告については迅速性が要求され，遅滞は不満や不信感をもたらす要因となる。事故発生時などにおいては事故原因の分析に時間を要する場合があるため，そのことについての説明は即時にはできないので，事故の事実と謝罪を行い，その後に事故原因，改善策について報告することとなろう。

事故発生時の連絡・報告はもちろんのこと，状況変化などの連絡・報告などがない場合，しかも事故や状況変化の発見者が家族であるケースなどでは，家族としての事業者に対する受け止め方はネガティブ（批判的）な感情に変容し，同感情が継続し，増幅していくことにつながりかねない。このような場合，事業者に対する信頼感を喪失させ，安定的なサービス提供に大きな支障をもたらすことになってしまう。

(6) **サービス提供体制の整備**

介護保険制度上の基準に基づきながらサービスを提供していくために確保されるべきサービ

ス提供体制が整備されていない状況が指摘される。キーワードとして「職員体制の整備」「研修システムの整備や実施」「マニュアルの整備」があげられる。

「職員体制の整備」では事故発生などリスクの高い場面や多くの人手を必要とする場面などがあらかじめに予測される場合，適切な対応を可能とするような人員を配置していないことからトラブルが生じていること，「研修システムの整備や実施」では職員の研修システムが整備されていなかったり，実施されていない状況のなかで事故などのトラブルが発生した場合に迅速なる対応や適切なる対応がなされなかったこと，「マニュアルの整備」ではサービス提供に際してのマニュアル，緊急時対応マニュアルなど各種マニュアルが整備されていなかったり，マニュアルは作成されているもののその存在を職員が認識していなかったり，機能していないことがあげられる。したがって，職員間による格差を招いたり，統一性に欠けたサービスの提供となってしまう。

職員体制の整備，研修システムやマニュアルの整備などサービス提供体制の整備により「職員間の連携を図り，統一されたサービスの提供の確保」「組織としてのガバナンスの確保」が期待される。

サービス提供体制にかんする規定として運営基準では，人員配置基準によりサービス利用者数に見合う最低限の職員の配置を行うことを前提として，事業所ごとに利用者に対して適切なサービスの提供ができる勤務体制（第30条），常に利用者の立場に立ってサービスが提供できる勤務体制（第3条）が定められている。また，研修にかんしては，職員に対する技術向上（第28条）とともに資質向上（第30条）のための研修を確保しなければならないことが定められている。

多職種からなる事業所においては，各職種，各部署などで細分化された組織化をもって役割の分担化を図り，相互に連携しながら全体として統一化され，均質的で継続されたサービス提供につなげていくことが必要となる。利用者の尊厳の確保とともに経営の安定性を視野に入れた介護保険事業等社会福祉事業が必要となっているこんにち，多様な組織の考え方やとらえ方が求められるようになってきている。組織づくりにむけては，専門化の原則（業務を分業化し，仕事の能率を高める），権限・責任一致の原則（権限と責任が等しくなるようにしなければならない），命令一元化の原則（構成員に対する指示・命令系統が単純で明快でなければならない），統制範囲適正化の原則（管理者に統制できる範囲の部下の配置）など経営学上に伝統的な組織論などを参考とし，それぞれのメリットやデメリットを考え，用いることが有効であろう。

研修体制の整備については，OJT（職務を通じての研修）を基本としながら，職場の上司，主任，先輩が，部下，後輩，新人に対して毎日の職務を通じて日常のあらゆる機会に推進していくとともに，併せてOFF-JT（職務を離れての研修）を組み入れながらセットにしてシステム化していくことが有効である。社会福祉関係においては外部でさまざまな主催による研修が

開催されるようになっており，職種，経験年数など対象別に，そして，段階的に参加する機会を確保できるようにしていくおくことが大切である。

また，近年ではOJT，OFF-JTの2つの形態とともに，SDS（自己啓発援助制度）という個々の職員の自己啓発を組織として支援する新たな研修形態も導入されるようになっている。SDSの方法としては，経済的援助，時間的援助，施設・設備の貸出しや提供などがあげられる。

マニュアルの整備については，基本的にはサービス提供場面（食事，入浴，排泄など）ごとに作成しておくことが求められ，職種，部署ごとなど専門性や役割に応じて準備する必要があろう。マニュアルの作成とマニュアルに基づくサービスの提供はサービスの均質性と継続性の確保に大きく作用するものとなる。

(7) 記録の整備

利用者ごとに記録され，保存されることになっているサービス記録が整備されていないことから，サービス記録が担う本来の機能としての利用者の状況把握，情報共有などに支障をもたらしている状況が指摘される。キーワードとして「記録の有効的活用」「記録の記載内容の整備」があげられる。

「記録物の有効的活用」ではサービス記録そのものには問題性は認められないものの，そのサービス記録が必要とされる事項について記載されているだけで，職員間で共有されることなく活用されていないこと，「記録の記載内容の整備」ではサービス記録の内容において問題性が指摘され，必要とされる事項が盛り込まれていなかったり，十分に記載されていなかったり，具体性に欠けた記載になっていたりしていることがあげられる。

記録を整備することにより「利用者の状態や変化を把握し，ニーズに応じた継続したサービスを提供する」「サービスの重複と見落としを防止する」「提供したサービスの証拠を残す」ことが期待される。

記録の整備にかかわる規定について運営基準では，サービス事業者においては① 従業者，設備，備品および会計にかんする記録，② 利用者に対するサービス提供にかんするサービス計画や提供した具体的なサービス内容，苦情の内容，事故の状況やその際にとった処置などについての記録を整備しておかなければならないようになっている（第39条）。また，これらの記録は2年間保存しなければならないことになっている。

記録を整備する際には，いつ，だれが，どのようなサービスを提供し，その時の利用者の状況はどうであり，反応はどうであったのかなど状況を把握するために必要な項目を含んで具体的に分かりやすく記載することが重要である。これらの記録を活用するサービス提供職員にとって分かりやすいものであるとともに，利用者や家族にとっても，見た場合に分かりやすいものであることが求められる。その意味で記録は自分（当事者）だけがみて分かるような単なる

「日記」としてではなく，だれがみても分かるようなものであることが大切である。

　サービス利用者それぞれにむけての記録のほかに特定のグループ，部署，サービス種別，全体などの記録化が必要となろう。

(8) 職員・事業者の資質

　職員・事業者としてのサービス提供者という立場において要求される基本的な資質が問われている状況が指摘される。キーワードとして，「人格尊重の意識」「利用者主体の関係性」「態度・表情・言葉遣い」があげられる。

　「人格尊重の意識」ではサービス提供において利用者の人格を傷つけるような具体的な行為がうかがわれ，人格尊重の意識が職員や事業者に低下していること，「利用者主体の関係性」では利用者・家族と職員・事業者において利用者・家族のニーズに合わせて職員・事業者がサービスを提供するという関係性が職員・事業者側に認識されておらず，職員・事業者サイドの優位性がうかがわれること，「態度・表情・言葉遣い」では職員が利用者や家族に対して示す態度や表情および具体的な言葉遣いについての不適切性を指摘するものであり，利用者・家族の立場からしてネガティブ（批判的）な印象を与えてしまっていることがあげられる。

　「福祉は人なり」の言葉にうかがわれるように，事業者・職員の資質はサービスの質に直接的に反映されるものであり，人格尊重の意識，利用者主体の関係性を認識し，そのことが具体的にサービスの内容，言葉，態度，表情に具現化されることが大切であるといえる。

　事業者・職員の資質を形成する人格尊重や利用者主体の理念について運営基準では，「事業者の一般原則」として，事業者は利用者の意思および人格を尊重して，常に利用者立場に立ったサービス提供に努めなければならないこと（第3条）が明記されたうえで，すべての条文でその理念が反映され，具体化される規定内容となっている。

　それは例えば指定介護老人福祉施設における運営基準において入浴支援にかんして入所者の心身状況や自立支援を踏まえ，適切な方法により実施しなければならない，食事支援にかんして栄養ならびに入所者の心身の状況および嗜好を考慮した食事を適切な時間に提供しなければならない，排泄支援にかんして心身の状況に応じて適切な方法により排泄の自立について必要な援助を行わなければならないなどと規定されている。

　このような運営基準に基づきながら，食事の場面では，どのような食事を摂る時の環境が適切であるのか，採光，照明など部屋の明るさ，落ち着いて食べられる空間を確保するための面積や形態を考慮するとともに，一般の家庭を標準にしての食事提供の時間帯の設定，画一的にならないよう多様な嗜好に対応したメニュー，食器，盛り付け，味付け，さらには食事介助の方法，声掛けなど，サービス提供の一つひとつの場面に人格尊重，利用者主体が反映され，具現化されなければならない。

(9) 苦情対応体制の整備

　利用者や家族から事業者にむけられた不満や苦情に対する事業者側の対応が適切に行われていない状況が指摘される。キーワードとして「苦情という認識の欠如」「苦情対応システムの整備」「苦情対応にかかわる時間の遅滞」「納得のいかない回答」があげられる。

　「苦情という認識の欠如」では利用者や家族側から事業者側に向けて苦情が示されたにもかかわらず，苦情の認識がなされないままに放置されたり，苦情として対応されていなかったこと，「苦情対応システムの整備」では苦情対応の担当者が決められていなかったり，苦情対応マニュアルが整備されていなかったりなど苦情に対応する体制やシステムが整備されていないこと，「苦情対応にかかわる時間の遅滞」では利用者や家族から示された苦情を苦情として受け止めながらも，その対応に要する時間が遅滞していること，「納得のいかない回答」では事業者・職員に対して苦情を示したにもかかわらず，事業者側からのそのことに対する回答や説明が曖昧であったり，苦情の内容とは直接的に関係のないものであったり，弁明であったりなど利用者・家族側からして納得のいかないものであることがあげられる。

　苦情対応体制を整備することで「不満を示しやすい環境の整備」を行い，不満を引き出すことにより，「利用者・家族の権利擁護を高める」「サービスの質的向上を図る」ことが期待される。

　苦情対応体制の整備にかかわる規定について運営基準では，事業者そのものが苦情処理機関であることに基づき，① 利用契約の際，苦情対応体制などが盛り込まれた重要事項を用いて説明を行い，文書を交付して同意を得ること，② 利用者およびその家族からの苦情を受け付ける窓口を設置すること，③ 苦情が示された場合に迅速かつ適切に対応すること，④ 苦情の内容などを記録しておかなければならないことなどが規定されているとともに，⑤ 事業者に同じく苦情処理機関として位置づけられている市町村や国民健康保険団体連合会が行う調査への協力，文書などの提出，指導や助言を受けた場合の改善を行うことが要求されている（第36条，第8条）。サービス事業者はサービス提供の主体であることから，自らに苦情処理機関として役割が課せられるとともに，苦情処理機関として機能しない場合も想定されるため，指導・助言の対象としても位置づけられている。

　これら運営基準に基づきながら事業者においては苦情を受付けるための相談窓口を設置し，担当者を決めるなど苦情対応体制を整備しておくとともに，苦情が発生した場合にどのような手順で，どのように解決していくのかについて明らかにしておかなければならない。このことは，サービス利用契約において説明され，交付される文書に記載されておくことが必要であり，また，当該事業所内に分かるように掲示されなければならないようになっている。併せて，苦情に備えてマニュアルを整備し，研修を実施していくことが大切であるといえよう。

注2） 苦情処理機関（国民健康保険団体連合会）Aに対して苦情申立てがあり，介護サービス事業者に対して指導・助言が行われた24事例を分析の対象とした。介護サービス事業者に対して指摘された指導・助言の内容について，示されている具体的項目を共通した内容ごとに分類し，整理した。具体的には，①データのなかから内容（項目）の一つひとつを拾い上げ，②抽出された全項目を共通した内容ごとにコードを付して分類し，整理した。

　分析の結果，分析対象の24事例において指導・助言としてあげられている項目数は合計で113項目であった。1事業者あたり平均約4.7項目の指導・助言を指摘されていることになる。113項目の指導・助言項目について，指摘されている具体的な内容をみてみると，一つの項目のなかに複数の指摘事項を含むものもあることから，その場合，1項目を複数項目に分類し，カウントすると指導・助言項目数の合計は136項目となった（1事業者あたり平均約5.7項目）。この136項目について先述した分析手続きによって共通した内容ごとにコードを付して分類し，整理した結果，29のコード（内容）から9のカテゴリー（サービス提供場面）が抽出された（図表4-2「苦情申立てに作用するサービス提供場面」62頁）。

第5章 苦情を活かした介護保険サービスの提供

本書の最後にあたり，本章ではこれまでに述べてきた苦情の構造を踏まえて，実践現場において苦情を活かした介護保険サービスを提供するうえでサービス事業者にこころがけておいてもらいたいことについてまとめてみたい。

1. 苦情申立ての環境整備

(1) 苦情発生の必然性

サービス事業者において，まずはサービス利用者・家族すべてが何の不満もなく，満足しているということはあり得ないということを認識することが大切であろう。不満がない，苦情がでないということは，そのこと自体に疑問を感じ，問題意識を持つべきである。

人間の満足感に際限はない。特に衣食住を含む生活全体の範囲からサービスを提供する介護保険サービスにおいては，常に不満意識が存在し，苦情が発生し得るものである。

したがって，苦情を示すことの意味には批判的な感情とともに，「不満を聞いてくれる」「解決してくれる」という期待を含んだ肯定的感情が込められていることから，「苦情をいわれることは恥ではない」ということを職員全員で認識する必要があろう。

そして，事業者全体として職員一人ひとりが，本気で苦情を受け止めようとしているのか見つめ直してみることが大切である。

(2) 「不満」を引き出す

苦情を広義にとらえた場合，図表5-1（「苦情のレベル」）のように，質問レベル，意見レベル，請求レベル，責任追及レベルとして程度の強弱に幅がもたらされる（村岡，2011）。このなかで苦情申立に該当するものは責任追及レベルとなるが，同レベルに達する以前の早期のレベル，すなわち，質問レベルや意見レベルの段階で適切な対応を図ることが事業者に要求される。

質問レベルや意見レベルの苦情は，むしろ示されたほうがサービスの質の向上につながることとなる。すなわち，質問レベルや意見レベルの苦情は，利用者・家族にとってはポジティブ（肯定的）な感情を表示するものであり，事業者間とのコミュニケーションが良好な場合に現

```
苦情 ┬ 質問レベル      良好  ポジティブ
     ├ 意見レベル       ↑     ↑
     │              コミュ   感
     │              ニケー   情
     │              ション   ↓
     ├ 請求レベル       ↓   ネガティブ
     └ 責任追及レベル   低下
```

図表5-1　苦情のレベル

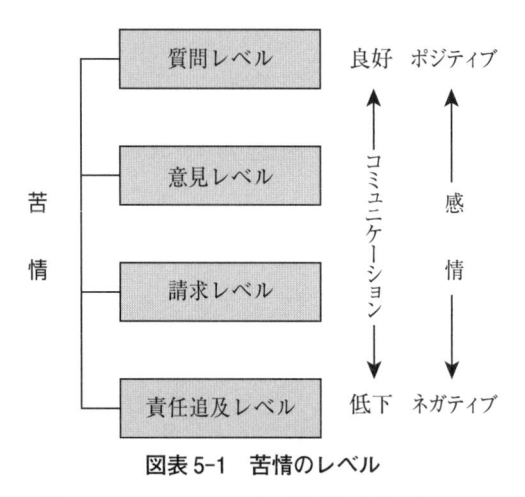

（注）・コミュニケーションとは，事業者と利用者家族とのコミュニケーションをいう。
　　　・感情とは，事業者に対する利用者家族が抱く感情をいう。
　　　・村岡（2011）「苦情対応とリスクマネジメント」（『福祉サービスの組織と経営』中央法規）を参考に作成。

れるものといえよう。他方，請求レベル，責任追及レベルでの苦情はネガティブ（批判的）な感情を表示するものであり，相互のコミュニケーションが低下している場合に出現するものといえる。

そこで，日頃から質問レベルや意見レベルでの苦情，換言すれば「小さな苦情」をたくさん表出してもらえるようにこころがけ，対応していくことが要求される。「小さな苦情」がたくさん表出されれば，「大きな苦情」としての請求レベルや責任追及レベルの苦情にはつながりにくくなろう。そのためには，「苦情がいえる環境をつくる」「苦情をいいやすい環境をつくる」ことが大切である。

　苦情を引き出し，いいやすい環境をつくるためには「どんなことでも，遠慮せずにいってください」というサービス事業者としての普段からの態度が必要である。また，サービス利用者や家族が事業者に対して直接的に苦情をいわなくてもいいような工夫として，例えば「投書箱」などを設けたり，あるいは第三者の立場で苦情を発見し，解決に取り組む「第三者委員」を導入することも有効である。

　第三者委員制度については設置されている事業所が多く存在するが，単にシステムとして設置されているだけで機能していない実態も指摘される。第三者委員としてだれが適任であるのか，事業者寄りの人選になっていないか，そして，どのような場面でその任にあたってもらうのか，有名無実化しないようにしなければならない。

2. 組織としての対応

(1) 苦情対応の組織化

　苦情が申立てられたときに適切に対応できていないケースの場合，組織的に対応できていないケースがその多くに見受けられる。すなわち，組織としてではなく，個人，あるいは限定された一部のメンバーだけで対応してしまっているということである。組織化されていないなかで職員個々による独自の苦情対応となれば，職員間により，あるいは同じ職員においてもその都度，説明する内容が違うこととなり，場当たり的なものになってしまう。

組織として苦情解決にむけてのシステムを整備し，組織として対応しなければ問題は解決できない。組織として苦情解決を図るためのシステムづくりとして，介護保険サービス事業の運営基準（厚生労働省令）に基づきながら，窓口の整備，担当者の配置，苦情申立てがあったときの対応手続き，職員間の共有，改善にむけての対策などについて文面化し，サービス契約の際に交付される重要事項に記載されるとともに，後述するようなマニュアルを作成し，研修などにて取り組んでおくことが大切である。

実際に申立てられた苦情については確実に組織として共有し，同じ苦情が繰り返さないよう職員全体にフィードバックすることが大切である。

(2) マニュアルの整備と迅速化

苦情が申立てられた場合に組織としてどのような対応を行うのか，あらかじめにマニュアルを作成して備えておくことが求められる。現実的には，そのすべてにおいてマニュアルどおりに対応できるとは限らない。しかし，マニュアルがある場合と，マニュアルがない場合には対応の仕方に大きな差が生じることとなる。また，マニュアルがあっても，そのマニュアルが実際に機能しなければ意味はない。そのために，そのマニュアルを理解し，研修を重ねておくことが大切である。

さらに，苦情が示されたら，素早く解決していくことが極めて重要である。苦情が申立てられたにもかかわらず，その対応に時間がかかったりすると，もともとの苦情に加えて苦情対応に対する不満が重なり，その不満感情は倍加されることになる。すなわち，「二重の苦情」が生じることになってしまう。このようになってくると苦情申立人からして，サービス事業者に対する信頼感は喪失し，苦情申立てに寄せられていた肯定的な感情としての「不満を聞いてくれる」「解決してくれる」という期待も消えさり，批判的感情だけが増幅することとなる。このことから，苦情解決は極めて困難なものになってしまう。

3. 運営基準の徹底とサービスの質の向上

(1) 運営基準に基づくサービスの提供

介護保険法に規定される介護保険サービスを提供する場合，同法に基づくサービス運営上の基準を満たしておかなければならない。介護保険に適用されるすべてに共通するサービス運営基準のほか，訪問介護には訪問介護の，通所介護には通所介護の，介護老人福祉施設には介護老人福祉施設それぞれのサービス運営基準が厚生労働省令により定められている。

この運営基準では，人員にかんする基準，設備にかんする基準，そして，運営にかんする基準として，管理者の責務，契約上の手続き，サービス計画の作成，心身状況の把握，サービ

事業者間の連携，緊急時の対応，事故発生時の対応，苦情処理，衛生管理，日常サービス（食事，入浴，排泄，健康管理など）の提供，記録の整備などサービス提供場面ごとに条文として記述されるものとなっている。同運営基準に基づかないサービスの提供は法令に違反することになり，担当行政からの指導，改善が要求されることとなる。「知らなかった」では許されない。

したがって，該当する事業・サービス種別ごとに所属する職員の一人ひとりが提供しているサービスにかんする基準を確認し，十分に理解しておくことが重要であり，それは最低限の義務であるといえる。

(2) サービスの質的向上

介護保険サービスを提供する場合，最低限に求められるレベルでの運営基準だけを守ればよいわけではない。生活の全体から提供される介護サービスにおいては，運営基準には規定されにくいものがある。例えば，介護保険施設の場合，入浴について「1週間に2回以上，適切な方法により入所者を入浴させ，又は清拭しなければならない」というように具体的な数値が示されている運営基準もあれば，「離床，着替え，整容等の介護を適切に行わなければならない」というように具体的な数値が示されていない運営基準もみられる。「適切」な着替えとはどのような着替えなのか，どれくらいの頻度で着替えを行う必要があるのか，その基準は一般の私たちの家庭の生活を基準にするべきであろう。

介護保険サービスは日常生活上のサービスであり，その「生活」とは私たちが営んでいる「普通の生活」のことである。普段，私たちは毎日着替えを行っている。したがって，週に1～2回程度の着替えであれば，適切な着替えとはいえないであろう。

最低限に要求されている運営基準を満たすサービスを提供するとともに，運営基準を超えて，社会一般のルールや常識を踏まえた介護保険サービスを提供することが要求される（図表5-2「求められるサービスのレベル」）。

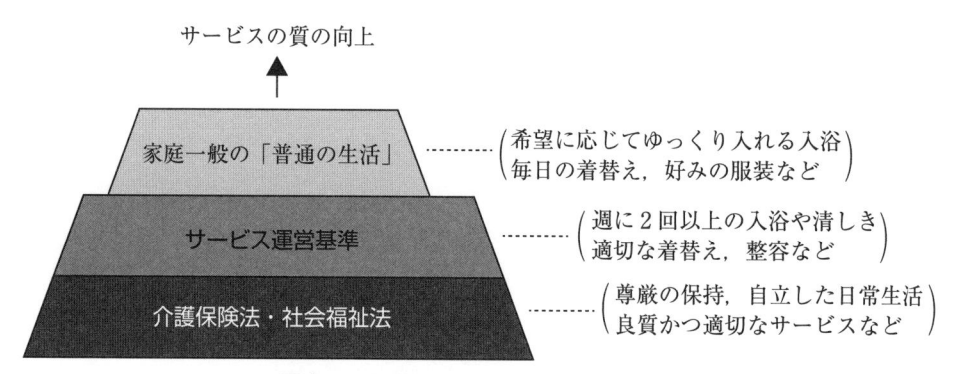

図表5-2　求められるサービスのレベル

サービスの質の向上 ↑

- 家庭一般の「普通の生活」……（希望に応じてゆっくり入れる入浴／毎日の着替え，好みの服装など）
- サービス運営基準……（週に2回以上の入浴や清しき／適切な着替え，整容など）
- 介護保険法・社会福祉法……（尊厳の保持，自立した日常生活／良質かつ適切なサービスなど）

4．予測することの重要性

(1) リスクを想定した「予測介護」

　車の運転をするときに横断歩道だけが人が歩いて横断しているところだとは限らない，突然に人が車道に出てきて横切ることだってあるので，どのような場合においても「予測運転」をしなければならないといわれているように，介護保険サービスにおいてもさまざまな予測・想定をしたうえでの提供，すなわち「予測介護」を行うことが大切であろう。

　横断歩道以外の車道から突然子どもが出てきて車と衝突したから車はまったく責任が問われないわけではなく，道路上に生じた交通事故として，車においても前方不注意という責任が問われることになる。介護保険サービスにおいてもサービス提供上に生じたトラブルについて事業者の責任がまったく問われないことはないといえよう。しかも，そのトラブルが予測もできない突発的なものではなく，予測可能な範囲であった場合，事業者に問われる責任は重大なものになろう。

　介護保険サービスにおいてサービス利用者はその心身上の特性などからしてさまざまなリスクを有しており，しかも，限定された生活環境，限定された職員体制などから見守り等に限界が認められる。他方で運営基準では，安全の確保，身体拘束禁止，ニーズに応じた自立に向けてのサービスの提供などが要求されている。

　さまざまリスクを予測，想定して準備しておくこと，そして，その対策を講じておくことが大切である。

(2) 事故対策の強化

　介護保険サービスで想定されるリスクのなかで最大限に配慮しなければならないのが事故のリスクであり，安全の確保であるといえよう。

　転倒，骨折，誤嚥などさまざまな事故にともない生じるリスクが想定され，死に至るケースも多数報告されている。苦情申立てにおいても多数を占めるのが事故にかかわる苦情である。しかし，介護保険サービス提供上の事故については，どんなに万全な対策を講じておいても起こり得るものである。

　したがって，どのような状況においても常に事故は発生するという意識をもってサービスを提供していくことが大切である。事故が発生しやすい場所，事故が発生しやすい場面，事故が発生しやすい時間など，それまでに発生したデータなどから分析を試みれば，ある程度に事故は予測できるものである。予測してそれに備えた場合と，そうでない場合の事故発生の割合は大きく異なるものとなる。

　また，起こり得る事故に備えながらも残念ながら事故が起きてしまった場合と，そうでない

場合の事故では，同じ事故であってもその事故の程度や被害の程度に差がでてくるであろうし，被害者としての受け止め方や周囲の評価も大きく異なってくるものである。後者の場合，「このような事故が起こることは事前に想定されたはずなのに，なぜ，その対策が講じられていなかったのか」というように事業者側の責任が大きく問われることになってしまう。さまざまな場面において，どのような事故が起こる可能性があるのか，それぞれの事故に備えて，それを防ぐ対策をどのように講じるべきか，職員全員で検討し，備えておくことが大切である。

一方で，事故を起こさない対策が，利用者主体という介護保険の基本理念に反して身体拘束や抑制に当たる行為をともなうものであれば，運営基準違反になってしまう。車椅子からずり落ちないためのベルトは，サービス提供者側からすれば「安全ベルト」であるかもしれないが，利用者側からすれば「拘束ベルト」になってしまう。サービス利用者の立場に立ちながら，人間としての尊厳を守り，自由を束縛しないなかで，しかも安全を確保したサービスをいかにして提供するのか，みんなで知恵を絞り，模索していくことが求められる。

なお，事故発生時の対応にかんして運営基準（37条，53条の2）では，あらかじめ①サービス利用契約の際に事故対応について記載された重要事項を文面で交付し，説明することが要求されており，事故が発生した場合，②市町村，家族などへの連絡と必要な措置を講じること，③事故の状況，事故への対応にかかわる記録を整備しておくこと，④賠償すべき事故が発生した場合の賠償の備えておくこと（賠償保険への加入）などが定められている。このことから，事故発生時の対応方法についてあらかじめ定めておくこと，また，事故発生があった場合に原因を解明し，再発防止対策を講じることが必要となる。

(3) ケアプランの吟味

かりに事故が起きてしまった場合，前述のように事前の対策が講じられていたのかということが問われるとともに，どのようなケアプランが立てられていたのかということも問われることになる。ケアプランは，その人のニーズに合わせて，そのニーズを満たすために立てられるものであり，職員によって対応が異ならないように，一定の質が確保された連続したサービスが提供されるために策定されるものである。

したがって，策定されているケアプランが利用者のニーズを満たすものであるのか，利用者や家族の意向を踏まえたものであるのか，援助者は同プランに基づきながらサービスを提供していたのかなど十分に吟味されたケアプランの策定とそれに基づくサービスの提供が要求されることになる。

また，提供したサービスについては細かく記録を取って残しておくことが大切である。記録はサービス提供の証拠にもなる。実際には提供されたサービスであっても，それが記録に残されていなかったとしたら提供されていないことになってしまう。「いつ，誰が，どのようなサ

ービスを提供して，その時，利用者はどのような状況だったのか」，具体的に記録を取り，残しておかなければならない。

さらに，その記録は単にサービス提供者側だけが分かるようなものであってはならない。家族などが記録の開示を要求した場合など一般にも見て分かるような様式で記述されたものであることが求められる。

5.「誠意」あるサービスの提供

(1) 事業者・職員の感情が利用者・家族の感情に反映

苦情申立てがあった場合，申立人の多くにサービス事業者において「誠意が感じられないから」という理由がともなう。日常の事業者側の利用者や家族に対するサービス提供の態度や姿勢が不満感情を増幅させ，苦情に作用することになる。

「誠意」というと観念的で漠然とした概念になってしまうが，それは誰しも敏感に察し，感じることができるものともいえよう。「人間は感情的な動物である」といわれるように，こちらが相手に好意をもっていなければ，相手もこちらに好意をもってくれない。逆に，こちらが好意をもっていれば，相手もこちらに好意をもってくれるものである（図表5-3「事業者・職員に対する利用者・家族の反応」）。

事業者や職員の有するサービス利用者に対する対象観やサービスに対する価値観・理念は，直接的に対象者にむけて，そして，サービスの中身に反映する（図表5-4「理念・価値観を反映した言葉・表情・態度」）。介護保険サービスなど社会福祉サービスを提供する専門職者において求められている専門的な知識や技術とともに，サービスにかかわる人格尊重，利用者主体な

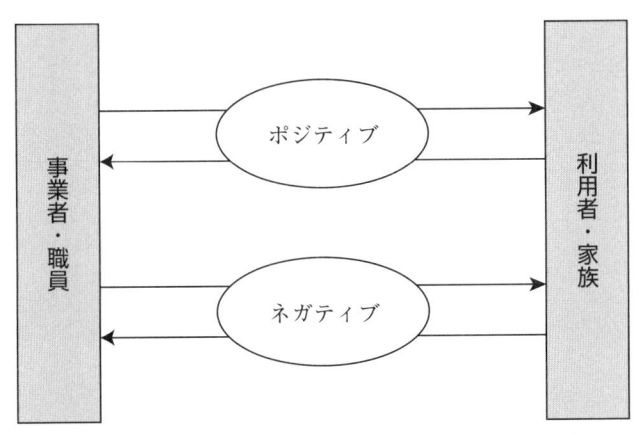

図表 5-3　事業者・職員に対する利用者・家族の反応

```
┌─ 事業者・職員 ──────────┐
│  ┌──────────────────┐  │
│  │ 理念・価値観・対象者観 │  │
│  └────────┬─────────┘  │
│           ↓            │
│  ┌──────────────────┐  │
│  │   言葉・表情・態度   │  │
│  └──────────────────┘  │
└───────────┬────────────┘
            ↓
┌──────────────────────┐
│     利用者・家族       │
│ (事業者・職員に対する評価) │
└──────────────────────┘
```

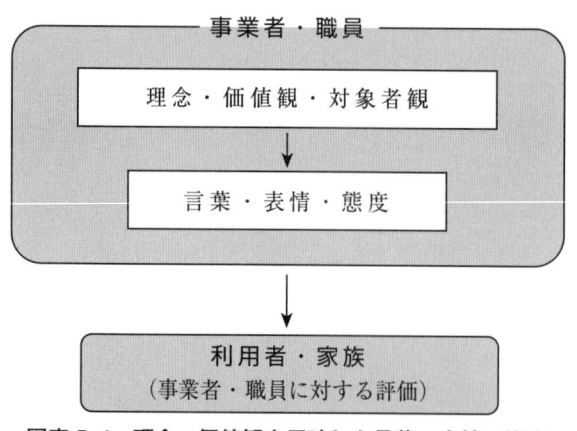

図表 5-4　理念・価値観を反映した言葉・表情・態度

どの価値観や理念，また，ポジティブ（肯定的）な対象観を備えておくことが大切である。

(2) **からだ全体で表出される「誠意」**

「誠意」は「言葉」を通じて，あるいは，言葉には示されない，「態度」「表情」「姿勢」などからだ全体から表されるものといえよう。言葉が通じない利用者であっても，かかわる職員が自分に対してどのようなとらえ方をしているのか，肯定的なとらえ方をしてくれているのか，否定的なとらえ方をしているのか，言葉，態度，表情，姿勢などから察することができよう。

利用者に比べて事業者・職員と接する場面が少ない家族においては，事業者・職員とのわずかな場面での一瞬一瞬のかかわりによって，相手の自らに対する評価について察知し，思いを巡らすことになる。

からだ全体で表わされる「誠意」は，一時的なものであっても，また，一部の職員だけのものであってもいけない。常日頃から継続して，職員全員が抱いておくことが大切である。

◆ 文　　献 ◆

阿部哲也（2000）「介護支援現場における苦情対応体制の実際」（『トータルケアマネジメント』Vol.5 No.4）日総研.

藤井賢一郎（2012）「福祉サービスにおける組織・経営」（『福祉サービスの組織と経営』）中央法規 2-3.

浜田和則（2000）「第三者による苦情・要望解決の機能を活用した介護サービスの評価・改善」（『トータルケアマネジメント』Vol.5, No.4）日総研.

畑村洋太郎（2008）『失敗学のすすめ』講談社.

本間昭子（2001）「介護を巡るトラブルの実態」（『月刊総合ケア』Vol.11）医歯薬出版.

久田則夫（1996）『施設職員実践マニュアル』学苑社　2-5.

今井行夫（1994）『老人ホームの実践的処遇論』中央法規　29.

門廣繁幸（2000）「福祉サービスに係る苦情解決検討報告」（『月刊福祉増刊号・新福祉システム4』第82巻第2号）全国社会福祉協議会　20-24.

児島亜紀子（1997）『社会福祉学のみかた』（AERA MOOK）朝日新聞社　156.

国民健康保険中央会（2001）「国保連合会介護サービス苦情処理員・担当職員会議資料」国民健康保険中央会介護保険課.

国民健康保険中央会（2007）『介護保険にかかわる苦情処理の手引き（第5版）』国民健康保険中央会介護保険部介護保険課.

Krippendorff, K.（三上俊治・椎野信雄・橋元良明訳）（1989）『メッセージ分析の技法「内容分析」への招待』勁草書房.

金田一京助監修・柴田　武・山田明雄・山田忠雄編（1989）『新明解国語辞典』三省堂　1462.

國光登志子（1999）「苦情処理をめぐる対応のシステムづくり」（『月刊総合ケア』Vol.9, No.11）25-31.

國光登志子（2000）「苦情対応システムと苦情の捉えかた」（『月刊総合ケア』Vol.10, No.11）.

國光登志子（1999）「介護保険における苦情申立てシステム」（『地域福祉研究』No.27）1-2.

國光登志子（1999）「介護保険現場からの検証　苦情対応システムの構築」（『社会福祉研究』第79号）鉄道弘済会　45-55.

國光登志子（2000）「介護支援専門員は苦情から何を学び仕事に生かすか」（『トータルケアマネジメント』Vol.5, No.4）日総研.

倉田康路（2006）「苦情から学ぶ事故防止と介護の質の向上」（介護労働安定センター編『介護サービスのリスクマネジメント』）介護労働安定センター.

倉田康路（2008）『サービス計画の理論と実践モデル　―高齢者福祉施設での展開―』金芳堂.

松村　明編（1988）『大辞林』三省堂　936.

村上淳子（2005）「医療契約論　―その実体的解明―」（『The Seinan Law Review』Vol.38, No.2）西南学院大学　62-63.

村岡　裕（2011）「苦情対応とリスクマネジメント」（社会福祉士養成講座編集委員会編『福祉サービスの組織と経営』）中央法規　145.

中井健一（2006）『福祉施設改革にいかす苦情解決と評価システム』明石書店.

中里　理・上田晴男・福島一雄・前田俊房・松友　了（2000）「福祉サービスに係る苦情解決を考える」（『月刊福祉増刊号・新福祉システム4』第82巻第2号）全国社会福祉協議会.

小笠原祐次・若穂井　透監修・奈良高志・是枝祥子・高砂裕子ほか編集（2000）『実践Q＆A介護

保険の苦情対応』東京法令出版.

沖倉智美・福島敏之（2001）「施設利用者の苦情解決に関する実践的考察」（『社会福祉士』第8号）日本社会福祉士会　131-139.

大国美智子編（2001）『福祉サービスにおける第三者苦情解決ハンドブック』中央法規.

佐賀県国民健康保険団体連合会・介護保険課（2008）『国保連合会における介護サービス苦情処理事例集』.

渋谷篤男（2012）「福祉サービス苦情解決事業の現状と課題」（『月刊福祉増刊号・現代の社会福祉100の論点2』）全国社会福祉協議会　226-227.

炭谷　茂（2000）「社会福祉基礎構造改革と苦情解決について」（『月刊福祉増刊号・新福祉システム4』）全国社会福祉協議会　10-18.

田中一哉（1999）「苦情をめぐる対応のノウハウとシステム」（『月刊総合ケア』Vol.9, No.11）医歯薬出版.

徳川輝尚（1998）「社会福祉基礎構造改革と福祉サービスの質の確保」（『社会福祉研究』第73号）鉄道弘済会　61-62.

全国社会福祉協議会（2002）「介護苦情白書　—今の利用者ニーズを探る—」（『ふれあいケア』第8巻第3号）全国社会福祉協議会　9-26.

全国社会福祉協議会・全国老人福祉施設協議会（1994）「第4回全国老人ホーム基礎調査」（『老施協』第245号）.

（アルファベット順）

◆ 本書の基礎となった論文 ◆

倉田康路（2012）「介護保険制度下の苦情解決システム ―意義と特性―」（『九州社会福祉研究』第37号）西九州大学社会福祉学科．（「第1章　苦情と介護保険」）

倉田康路（2013）「介護保険サービスにおける苦情の構造 ―国民健康保険団体連合会等における苦情申立人に対するインタビュー調査の分析を通して―」（『社会福祉学』Vol. 54-2）日本社会福祉学会．（「第2章　苦情が申立てられる理由」）

倉田康路（2013）「介護保険サービスにおける苦情事例研究（Ⅰ）―訪問系サービスの事例から―」（『西九州大学健康福祉学部紀要』第43巻）西九州大学．（「第3章　苦情申立ての内容と結果」）

倉田康路（2013）「介護保険サービスにおける苦情事例研究（Ⅱ）―短期入所系サービス（短期入所生活介護）の事例から―」（『西九州大学健康福祉学部紀要』第43巻）西九州大学．（「第3章　苦情申立ての内容と結果」）

倉田康路（2013）「介護保険サービスにおける苦情事例研究（Ⅲ）―施設サービス（介護老人福祉施設）の事例から―」（『西九州大学健康福祉学部紀要』第43巻）西九州大学．（「第3章　苦情申立ての内容と結果」）

倉田康路（2014）「介護保険サービスにおける苦情事例研究（Ⅳ）―施設サービス（介護老人保健施設）の事例から―」（『西九州大学健康福祉学部紀要』第44巻）西九州大学．（「第3章　苦情申立ての内容と結果」）

倉田康路（2014）「介護保険サービスにおける苦情事例研究（Ⅴ）―認知症高齢者サービスなどの事例から―」（『西九州大学健康福祉学部紀要』第44巻）西九州大学．（「第3章　苦情申立ての内容と結果」）

倉田康路（2014）「介護保険サービスにおける苦情申立てに関するカテゴリーの生成 ―苦情処理事例の分析から間接的要因に着目して―」（『日本看護福祉学会誌』Vol.19　No.2）日本看護福祉学会．（「第4章　苦情が申立てられた事業者の共通性」）

倉田康路（2014）「苦情申立てへの影響要因から得られる介護保険サービス提供にむけての示唆」（『九州社会福祉学』第10号）日本社会福祉学会・九州部会．（「第4章　苦情が申立てられた事業者の共通性」）

倉田康路（2013）「『苦情』を活かした介護保険サービスの提供 ―苦情処理事例を通して―」（『九州社会福祉研究』第38号）西九州大学社会福祉学科．（「第5章　苦情を活かした介護保険サービスの提供」）

◆ 資　料 ◆

介護保険サービス運営基準（厚生労働省令）

(1) 訪問介護（指定居宅サービス等の事業の人員，設備及び運営に関する基準）
　　（厚生労働省令37） ··· 88

(2) 通所介護（同） ··· 91

(3) 通所リハビリテーション（同） ··· 93

(4) 短期入所生活介護（同） ··· 94

(5) 認知症対応型共同生活介護（指定地域密着型サービスの事業の人員，設備及び運営に関する基準）
　　（厚生労働省令34） ··· 96

(6) 指定介護老人福祉施設（指定介護老人福祉施設の人員，設備及び運営に関する基準）
　　（厚生労働省令39） ··· 99

(7) 介護老人保健施設（介護老人保健施設の人員，施設及び設備並びに運営に関する基準）
　　（厚生労働省令40） ··· 104

指定居宅サービス等の事業の人員、設備及び運営に関する基準

（平成一一・三・三一　厚令三七）

(1) 第二章　訪問介護

第一節　基本方針

（基本方針）

第四条 指定居宅サービスに該当する訪問介護（以下「指定訪問介護」という。）の事業は、要介護状態となった場合においても、その利用者が可能な限りその居宅において、その有する能力に応じ自立した日常生活を営むことができるよう、入浴、排せつ、食事の介護その他の生活全般にわたる援助を行うものでなければならない。

第四節　運営に関する基準

（内容及び手続の説明及び同意）

第八条 指定訪問介護事業者は、指定訪問介護の提供の開始に際し、あらかじめ、利用申込者又はその家族に対し、第二十九条に規定する運営規程の概要、訪問介護員等の勤務の体制その他の利用申込者のサービスの選択に資すると認められる重要事項を記した文書を交付して説明を行い、当該提供の開始について利用申込者の同意を得なければならない。

2　指定訪問介護事業者は、利用申込者又はその家族からの申出があった場合には、前項の規定による文書の交付に代えて、第五項で定めるところにより、当該利用申込者又はその家族の承諾を得て、当該文書に記すべき重要事項を電子情報処理組織を使用する方法その他の情報通信の技術を利用する方法であって次に掲げるもの（以下この条において「電磁的方法」という。）により提供することができる。この場合において、当該指定訪問介護事業者は、当該文書を交付したものとみなす。

一　電子情報処理組織を使用する方法のうちイ又はロに掲げるもの

イ　指定訪問介護事業者の使用に係る電子計算機と利用申込者又はその家族の使用に係る電子計算機とを接続する電気通信回線を通じて送信し、受信者の使用に係る電子計算機に備えられたファイルに記録する方法

ロ　指定訪問介護事業者の使用に係る電子計算機に備えられたファイルに記録された前項に規定する重要事項を電気通信回線を通じて利用申込者又はその家族の閲覧に供し、当該利用申込者又はその家族の使用に係る電子計算機に備えられたファイルに当該重要事項を記録する方法（電磁的方法による提供を受ける旨の承諾又は受けない旨の申出をする場合にあっては、指定訪問介護事業者の使用に係る電子計算機に備えられたファイルにその旨を記録する方法）

二　磁気ディスク、シー・ディー・ロムその他これらに準ずる方法により一定の事項を確実に記録しておくことができる物をもって調製するファイルに前項に規定する重要事項を記録したものを交付する方法

3　前項に掲げる方法は、利用申込者又はその家族がファイルへの記録を出力することによる文書を作成することができるものでなければならない。

4　第二項第一号の「電子情報処理組織」とは、指定訪問介護事業者の使用に係る電子計算機と、利用申込者又はその家族の使用に係る電子計算機とを電気通信回線で接続した電子情報処理組織をいう。

5　指定訪問介護事業者は、第二項の規定により第一項に規定する重要事項を提供しようとするときは、あらかじめ、当該利用申込者又はその家族に対し、その用いる次に掲げる電磁的方法の種類及び内容を示し、文書又は電磁的方法による承諾を得なければならない。

一　第二項各号に規定する方法のうち指定訪問介護事業者が使用するもの

二　ファイルへの記録の方式

6　前項の規定による承諾を得た指定訪問介護事業者は、当該利用申込者又はその家族から文書又は電磁的方法により電磁的方法による提供を受けない旨の申出があったときは、当該利用申込者又はその家族に対し、第一項に規定する重要事項の提供を電磁的方法によってしてはならない。ただし、当該利用申込者又はその家族が再び前項の規定による承諾をした場合は、この限りでない。

（提供拒否の禁止）

第九条 指定訪問介護事業者は、正当な理由なく指定訪問介護の提供を拒んではならない。

（サービス提供困難時の対応）

第十条 指定訪問介護事業者は、当該指定訪問介護事業所の通常の事業の実施地域（当該事業所が通常時に当該サービスを提供する地域をいう。以下同じ。）等を勘案し、利用申込者に対し自ら適切な指定訪問介護を提供することが困難であると認めた場合は、当該利用申込者に係る居宅介護支援事業者への連絡、適当な他の指定訪問介護事業者等の紹介その他の必要な措置を速やかに講じなければならない。

（受給資格等の確認）

第十一条 指定訪問介護事業者は、指定訪問介護の提供を求められた場合は、その者の提示する被保険者証によって、被保険者資格、要介護認定の有無及び要介護認定の有効期間を確かめるものとする。

2　指定訪問介護事業者は、前項の被保険者証に、法第七十三条第二項に規定する認定審査会意見が記載されているときは、当該認定審査会意見に配慮して、指定訪問介護を提供するように努めなければならない。

（要介護認定の申請に係る援助）

第十二条 指定訪問介護事業者は、指定訪問介護の提供の開始に際し、要介護認定を受けていない利用申込者については、要介護認定の申請が既に行われているかどうかを確認し、申請が行われていない場合は、当該利用申込者の意思を踏まえて速やかに当該申請が行われるよう必要な援助を行わなければならない。

2　指定訪問介護事業者は、居宅介護支援（これに相当するサービスを含む。）が利用者に対して行われていない等の場合であって必要と認めるときは、要介護認定の更新の申請が、遅くとも当該利用者が受けている要介護認

定の有効期間が終了する三十日前にはなされるよう、必要な援助を行わなければならない。

（心身の状況等の把握）

第十三条　指定訪問介護事業者は、指定訪問介護の提供に当たっては、利用者に係る居宅介護支援事業者が開催するサービス担当者会議（指定居宅介護支援等の事業の人員及び運営に関する基準（平成十一年厚生省令第三十八号）第十三条第九号に規定するサービス担当者会議をいう。以下同じ。）等を通じて、利用者の心身の状況、その置かれている環境、他の保健医療サービス又は福祉サービスの利用状況等の把握に努めなければならない。

（居宅介護支援事業者等との連携）

第十四条　指定訪問介護事業者は、指定訪問介護を提供するに当たっては、居宅介護支援事業者その他保健医療サービス又は福祉サービスを提供する者との密接な連携に努めなければならない。

2　指定訪問介護事業者は、指定訪問介護の提供の終了に際しては、利用者又はその家族に対して適切な指導を行うとともに、当該利用者に係る居宅介護支援事業者に対する情報の提供及び保健医療サービス又は福祉サービスを提供する者との密接な連携に努めなければならない。

（法定代理受領サービスの提供を受けるための援助）

第十五条　指定訪問介護事業者は、指定訪問介護の提供の開始に際し、利用申込者が介護保険法施行規則（平成十一年厚生省令第三十六号。以下「施行規則」という。）第六十四条各号のいずれにも該当しないときは、当該利用申込者又はその家族に対し、居宅サービス計画の作成を居宅介護支援事業者に依頼する旨を市町村に対して届け出ること等により、指定訪問介護の提供を法定代理受領サービスとして受けることができる旨を説明すること、居宅介護支援事業者に関する情報を提供することその他の法定代理受領サービスを行うために必要な援助を行わなければならない。

（居宅サービス計画に沿ったサービスの提供）

第十六条　指定訪問介護事業者は、居宅サービス計画（施行規則第六十四条第一号ハ及びニに規定する計画を含む。以下同じ。）が作成されている場合は、当該計画に沿った指定訪問介護を提供しなければならない。

（居宅サービス計画等の変更の援助）

第十七条　指定訪問介護事業者は、利用者が居宅サービス計画の変更を希望する場合は、当該利用者に係る居宅介護支援事業者への連絡その他の必要な援助を行わなければならない。

（身分を証する書類の携行）

第十八条　指定訪問介護事業者は、訪問介護員等に身分を証する書類を携行させ、初回訪問時及び利用者又はその家族から求められたときは、これを提示すべき旨を指導しなければならない。

（サービスの提供の記録）

第十九条　指定訪問介護事業者は、指定訪問介護を提供した際には、当該指定訪問介護の提供日及び内容、当該指定訪問介護について法第四十一条第六項の規定により利用者に代わって支払を受ける居宅介護サービス費の額その他必要な事項を、利用者の居宅サービス計画を記載した書面又はこれに準ずる書面に記載しなければならない。

2　指定訪問介護事業者は、指定訪問介護を提供した際には、提供した具体的なサービスの内容等を記録するとともに、利用者からの申出があった場合には、文書の交付その他適切な方法により、その情報を利用者に対して提供しなければならない。

（利用料等の受領）

第二十条　指定訪問介護事業者は、法定代理受領サービスに該当する指定訪問介護を提供した際には、その利用者から利用料の一部として、当該指定訪問介護に係る居宅介護サービス費用基準額から当該指定訪問介護事業者に支払われる居宅介護サービス費の額を控除して得た額の支払を受けるものとする。

2　指定訪問介護事業者は、法定代理受領サービスに該当しない指定訪問介護を提供した際にその利用者から支払を受ける利用料の額と、指定訪問介護に係る居宅介護サービス費用基準額との間に、不合理な差額が生じないようにしなければならない。

3　指定訪問介護事業者は、前二項の支払を受ける額のほか、利用者の選定により通常の事業の実施地域以外の地域の居宅において指定訪問介護を行う場合は、それに要した交通費の額の支払を利用者から受けることができる。

4　指定訪問介護事業者は、前項の費用の額に係るサービスの提供に当たっては、あらかじめ、利用者又はその家族に対し、当該サービスの内容及び費用について説明を行い、利用者の同意を得なければならない。

（保険給付の請求のための証明書の交付）

第二十一条　指定訪問介護事業者は、法定代理受領サービスに該当しない指定訪問介護に係る利用料の支払を受けた場合は、提供した指定訪問介護の内容、費用の額その他必要と認められる事項を記載したサービス提供証明書を利用者に対して交付しなければならない。

（指定訪問介護の基本取扱方針）

第二十二条　指定訪問介護は、利用者の要介護状態の軽減又は悪化の防止に資するよう、その目標を設定し、計画的に行われなければならない。

2　指定訪問介護事業者は、自らその提供する指定訪問介護の質の評価を行い、常にその改善を図らなければならない。

（指定訪問介護の具体的取扱方針）

第二十三条　訪問介護員等の行う指定訪問介護の方針は、次に掲げるところによるものとする。

一　指定訪問介護の提供に当たっては、次条第一項に規定する訪問介護計画に基づき、利用者が日常生活を営むのに必要な援助を行う。

二　指定訪問介護の提供に当たっては、懇切丁寧に行うことを旨とし、利用者又はその家族に対し、サービスの提供方法等について、理解しやすいように説明を行う。

三　指定訪問介護の提供に当たっては、介護技術の進歩に対応し、適切な介護技術をもってサービスの提供を行う。

四　常に利用者の心身の状況、その置かれている環境等の的確な把握に努め、利用者又はその家族に対し、適切な相談及び助言を行う。

（訪問介護計画の作成）

第二十四条　サービス提供責任者（第五条第二項に規定するサービス提供責任者をいう。以下この条及び第二十八条において同じ。）は、利用者の日常生活全般の状況及び希望を踏まえて、指定訪問介護の目標、当該目標を達成するための具体的なサービスの内容等を記載した訪問介護計画を作成しなければならない。

2　訪問介護計画は、既に居宅サービス計画が作成されている場合は、当該計画の内容に沿って作成しなければならない。

3　サービス提供責任者は、訪問介護計画の作成に当たっては、その内容について利用者又はその家族に対して説明し、利用者の同意を得なければならない。

4　サービス提供責任者は、訪問介護計画を作成した際には、当該訪問介護計画を利用者に交付しなければならない。

5　サービス提供責任者は、訪問介護計画の作成後、当該訪問介護計画の実施状況の把握を行い、必要に応じて当該訪問介護計画の変更を行うものとする。

6　第一項から第四項までの規定は、前項に規定する訪問介護計画の変更について準用する。

（同居家族に対するサービス提供の禁止）
第二十五条　指定訪問介護事業者は、訪問介護員等に、その同居の家族である利用者に対する訪問介護の提供をさせてはならない。

（利用者に関する市町村への通知）
第二十六条　指定訪問介護事業者は、指定訪問介護を受けている利用者が次の各号のいずれかに該当する場合は、遅滞なく、意見を付してその旨を市町村に通知しなければならない。
一　正当な理由なしに指定訪問介護の利用に関する指示に従わないことにより、要介護状態の程度を増進させたと認められるとき。
二　偽りその他不正な行為によって保険給付を受け、又は受けようとしたとき。

（緊急時等の対応）
第二十七条　訪問介護員等は、現に指定訪問介護の提供を行っているときに利用者に病状の急変が生じた場合その他必要な場合は、速やかに主治の医師への連絡を行う等の必要な措置を講じなければならない。

（管理者及びサービス提供責任者の責務）
第二十八条　指定訪問介護事業所の管理者は、当該指定訪問介護事業所の従業者及び業務の管理を、一元的に行わなければならない。

2　指定訪問介護事業所の管理者は、当該指定訪問介護事業所の従業者にこの章の規定を遵守させるため必要な指揮命令を行うものとする。

3　サービス提供責任者は、第二十四条に規定する業務のほか、次の各号に掲げる業務を行うものとする。
一　指定訪問介護の利用の申込みに係る調整をすること。
二　利用者の状態の変化やサービスに関する意向を定期的に把握すること。
三　サービス担当者会議への出席等により、居宅介護支援事業者等と連携を図ること。
四　訪問介護員等（サービス提供責任者を除く。以下この条において同じ。）に対し、具体的な援助目標及び援助内容を指示するとともに、利用者の状況についての情報を伝達すること。
五　訪問介護員等の業務の実施状況を把握すること。
六　訪問介護員等の能力や希望を踏まえた業務管理を実施すること。
七　訪問介護員等に対する研修、技術指導等を実施すること。
八　その他サービス内容の管理について必要な業務を実施すること。

（運営規程）
第二十九条　指定訪問介護事業者は、指定訪問介護事業所ごとに、次に掲げる事業の運営についての重要事項に関する規程（以下この章において「運営規程」という。）を定めておかなければならない。
一　事業の目的及び運営の方針
二　従業者の職種、員数及び職務の内容
三　営業日及び営業時間
四　指定訪問介護の内容及び利用料その他の費用の額
五　通常の事業の実施地域
六　緊急時等における対応方法
七　その他運営に関する重要事項

（介護等の総合的な提供）
第二十九条の二　指定訪問介護事業者は、指定訪問介護の事業の運営に当たっては、入浴、排せつ、食事等の介護又は調理、洗濯、掃除等の家事（以下この条において「介護等」という。）を常に総合的に提供するものとし、介護等のうち特定の援助に偏することがあってはならない。

（勤務体制の確保等）
第三十条　指定訪問介護事業者は、利用者に対し適切な指定訪問介護を提供できるよう、指定訪問介護事業所ごとに、訪問介護員等の勤務の体制を定めておかなければならない。

2　指定訪問介護事業者は、指定訪問介護事業所ごとに、当該指定訪問介護事業所の訪問介護員等によって指定訪問介護を提供しなければならない。

3　指定訪問介護事業者は、訪問介護員等の資質の向上のために、その研修の機会を確保しなければならない。

（衛生管理等）
第三十一条　指定訪問介護事業者は、訪問介護員等の清潔の保持及び健康状態について、必要な管理を行わなければならない。

2　指定訪問介護事業者は、指定訪問介護事業所の設備及び備品等について、衛生的な管理に努めなければならない。

（掲示）
第三十二条　指定訪問介護事業者は、指定訪問介護事業所の見やすい場所に、運営規程の概要、訪問介護員等の勤務の体制その他の利用申込者のサービスの選択に資すると認められる重要事項を掲示しなければならない。

（秘密保持等）
第三十三条　指定訪問介護事業所の従業者は、正当な理由がなく、その業務上知り得た利用者又はその家族の秘密を漏らしてはならない。

2　指定訪問介護事業者は、当該指定訪問介護事業所の従

業者であった者が、正当な理由がなく、その業務上知り得た利用者又はその家族の秘密を漏らすことがないよう、必要な措置を講じなければならない。

3　指定訪問介護事業者は、サービス担当者会議等において、利用者の個人情報を用いる場合は利用者の同意を、利用者の家族の個人情報を用いる場合は当該家族の同意を、あらかじめ文書により得ておかなければならない。

（広告）

第三十四条　指定訪問介護事業者は、指定訪問介護事業所について広告をする場合においては、その内容が虚偽又は誇大なものであってはならない。

（居宅介護支援事業者に対する利益供与の禁止）

第三十五条　指定訪問介護事業者は、居宅介護支援事業者又はその従業者に対し、利用者に対して特定の事業者によるサービスを利用させることの対償として、金品その他の財産上の利益を供与してはならない。

（苦情処理）

第三十六条　指定訪問介護事業者は、提供した指定訪問介護に係る利用者及びその家族からの苦情に迅速かつ適切に対応するために、苦情を受け付けるための窓口を設置する等の必要な措置を講じなければならない。

2　指定訪問介護事業者は、前項の苦情を受け付けた場合には、当該苦情の内容等を記録しなければならない。

3　指定訪問介護事業者は、提供した指定訪問介護に関し、法第二十三条の規定により市町村が行う文書その他の物件の提出若しくは提示の求め又は当該市町村の職員からの質問若しくは照会に応じ、及び利用者からの苦情に関して市町村が行う調査に協力するとともに、市町村から指導又は助言を受けた場合においては、当該指導又は助言に従って必要な改善を行わなければならない。

4　指定訪問介護事業者は、市町村からの求めがあった場合には、前項の改善の内容を市町村に報告しなければならない。

5　指定訪問介護事業者は、提供した指定訪問介護に係る利用者からの苦情に関して国民健康保険団体連合会（国民健康保険法（昭和三十三年法律第百九十二号）第四十五条第五項に規定する国民健康保険団体連合会をいう。以下同じ。）が行う法第百七十六条第一項第三号の調査に協力するとともに、国民健康保険団体連合会から同号の指導又は助言を受けた場合においては、当該指導又は助言に従って必要な改善を行わなければならない。

6　指定訪問介護事業者は、国民健康保険団体連合会からの求めがあった場合には、前項の改善の内容を国民健康保険団体連合会に報告しなければならない。

（地域との連携）

第三十六条の二　指定訪問介護事業者は、その事業の運営に当たっては、提供した指定訪問介護に関する利用者からの苦情に関して市町村等が派遣する者が相談及び援助を行う事業その他の市町村が実施する事業に協力するよう努めなければならない。

（事故発生時の対応）

第三十七条　指定訪問介護事業者は、利用者に対する指定訪問介護の提供により事故が発生した場合は、市町村、当該利用者の家族、当該利用者に係る居宅介護支援事業者等に連絡を行うとともに、必要な措置を講じなければならない。

2　指定訪問介護事業者は、前項の事故の状況及び事故に際して採った処置について記録しなければならない。

3　指定訪問介護事業者は、利用者に対する指定訪問介護の提供により賠償すべき事故が発生した場合は、損害賠償を速やかに行わなければならない。

（会計の区分）

第三十八条　指定訪問介護事業者は、指定訪問介護事業所ごとに経理を区分するとともに、指定訪問介護の事業の会計とその他の事業の会計を区分しなければならない。

（記録の整備）

第三十九条　指定訪問介護事業者は、従業者、設備、備品及び会計に関する諸記録を整備しておかなければならない。

2　指定訪問介護事業者は、利用者に対する指定訪問介護の提供に関する次の各号に掲げる記録を整備し、その完結の日から二年間保存しなければならない。

一　訪問介護計画

二　第十九条第二項に規定する提供した具体的なサービスの内容等の記録

三　第二十六条に規定する市町村への通知に係る記録

四　第三十六条第二項に規定する苦情の内容等の記録

五　第三十七条第二項に規定する事故の状況及び事故に際して採った処置についての記録

（2）第七章　通所介護

第一節　基本方針

（基本方針）

第九十二条　指定居宅サービスに該当する通所介護（以下「指定通所介護」という。）の事業は、要介護状態となった場合においても、その利用者が可能な限りその居宅において、その有する能力に応じ自立した日常生活を営むことができるよう、必要な日常生活上の世話及び機能訓練を行うことにより、利用者の社会的孤立感の解消及び心身の機能の維持並びに利用者の家族の身体的及び精神的負担の軽減を図るものでなければならない。

第四節　運営に関する基準

（利用料等の受領）

第九十六条　指定通所介護事業者は、法定代理受領サービスに該当する指定通所介護を提供した際には、その利用者から利用料の一部として、当該指定通所介護に係る居宅介護サービス費用基準額から当該指定通所介護事業者に支払われる居宅介護サービス費の額を控除して得た額の支払を受けるものとする。

2　指定通所介護事業者は、法定代理受領サービスに該当しない指定通所介護を提供した際にその利用者から支払を受ける利用料の額と、指定通所介護に係る居宅介護サービス費用基準額との間に、不合理な差額が生じないようにしなければならない。

3　指定通所介護事業者は、前二項の支払を受ける額のほか、次の各号に掲げる費用の額の支払を利用者から受けることができる。

一　利用者の選定により通常の事業の実施地域以外の地域に居住する利用者に対して行う送迎に要する費用

二 指定通所介護に通常要する時間を超える指定通所介護であって利用者の選定に係るものの提供に伴い必要となる費用の範囲内において、通常の指定通所介護に係る居宅介護サービス費用基準額を超える費用
三 食事の提供に要する費用
四 おむつ代
五 前各号に掲げるもののほか、指定通所介護の提供において提供される便宜のうち、日常生活においても通常必要となるものに係る費用であって、その利用者に負担させることが適当と認められる費用
4 前項第三号に掲げる費用については、別に厚生労働大臣が定めるところによるものとする。
5 指定通所介護事業者は、第三項の費用の額に係るサービスの提供に当たっては、あらかじめ、利用者又はその家族に対し、当該サービスの内容及び費用について説明を行い、利用者の同意を得なければならない。

（指定通所介護の基本取扱方針）

第九十七条 指定通所介護は、利用者の要介護状態の軽減又は悪化の防止に資するよう、その目標を設定し、計画的に行われなければならない。
2 指定通所介護事業者は、自らその提供する指定通所介護の質の評価を行い、常にその改善を図らなければならない。

（指定通所介護の具体的取扱方針）

第九十八条 指定通所介護の方針は、次に掲げるところによるものとする。
一 指定通所介護の提供に当たっては、次条第一項に規定する通所介護計画に基づき、利用者の機能訓練及びその者が日常生活を営むことができるよう必要な援助を行う。
二 通所介護従業者は、指定通所介護の提供に当たっては、懇切丁寧に行うことを旨とし、利用者又はその家族に対し、サービスの提供方法について、理解しやすいように説明を行う。
三 指定通所介護の提供に当たっては、介護技術の進歩に対応し、適切な介護技術をもってサービスの提供を行う。
四 指定通所介護は、常に利用者の心身の状況を的確に把握しつつ、相談援助等の生活指導、機能訓練その他必要なサービスを利用者の希望に添って適切に提供する。特に、認知症（法第五条の二に規定する認知症をいう。以下同じ。）である要介護者に対しては、必要に応じ、その特性に対応したサービスの提供ができる体制を整える。

（通所介護計画の作成）

第九十九条 指定通所介護事業所の管理者は、利用者の心身の状況、希望及びその置かれている環境を踏まえて、機能訓練等の目標、当該目標を達成するための具体的なサービスの内容等を記載した通所介護計画を作成しなければならない。
2 通所介護計画は、既に居宅サービス計画が作成されている場合は、当該居宅サービス計画の内容に沿って作成しなければならない。
3 指定通所介護事業所の管理者は、通所介護計画の作成に当たっては、その内容について利用者又はその家族に対して説明し、利用者の同意を得なければならない。
4 指定通所介護事業所の管理者は、通所介護計画を作成した際には、当該通所介護計画を利用者に交付しなければならない。
5 通所介護従業者は、それぞれの利用者について、通所介護計画に従ったサービスの実施状況及び目標の達成状況の記録を行う。

（運営規程）

第百条 指定通所介護事業者は、指定通所介護事業所ごとに、次に掲げる事業の運営についての重要事項に関する規程（以下この章（第五節を除く。）において「運営規程」という。）を定めておかなければならない。
一 事業の目的及び運営の方針
二 従業者の職種、員数及び職務の内容
三 営業日及び営業時間
四 指定通所介護の利用定員
五 指定通所介護の内容及び利用料その他の費用の額
六 通常の事業の実施地域
七 サービス利用に当たっての留意事項
八 緊急時等における対応方法
九 非常災害対策
十 その他運営に関する重要事項

（勤務体制の確保等）

第百一条 指定通所介護事業者は、利用者に対し適切な指定通所介護を提供できるよう、指定通所介護事業所ごとに従業者の勤務の体制を定めておかなければならない。
2 指定通所介護事業者は、指定通所介護事業所ごとに、当該指定通所介護事業所の従業者によって指定通所介護を提供しなければならない。ただし、利用者の処遇に直接影響を及ぼさない業務については、この限りでない。
3 指定通所介護事業者は、通所介護従業者の資質の向上のために、その研修の機会を確保しなければならない。

（定員の遵守）

第百二条 指定通所介護事業者は、利用定員を超えて指定通所介護の提供を行ってはならない。ただし、災害その他のやむを得ない事情がある場合は、この限りではない。

（非常災害対策）

第百三条 指定通所介護事業者は、非常災害に関する具体的計画を立て、非常災害時の関係機関への通報及び連携体制を整備し、それらを定期的に従業者に周知するとともに、定期的に避難、救出その他必要な訓練を行わなければならない。

（衛生管理等）

第百四条 指定通所介護事業者は、利用者の使用する施設、食器その他の設備又は飲用に供する水について、衛生的な管理に努め、又は衛生上必要な措置を講じなければならない。
2 指定通所介護事業者は、当該指定通所介護事業所において感染症が発生し、又はまん延しないように必要な措置を講ずるよう努めなければならない。

（記録の整備）

第百四条の二 指定通所介護事業者は、従業者、設備、備品及び会計に関する諸記録を整備しておかなければなら

ない。
2 指定通所介護事業者は、利用者に対する指定通所介護の提供に関する次の各号に掲げる記録を整備し、その完結の日から二年間保存しなければならない。
　一　通所介護計画
　二　次条において準用する第十九条第二項に規定する提供した具体的なサービスの内容等の記録
　三　次条において準用する第二十六条に規定する市町村への通知に係る記録
　四　次条において準用する第三十六条第二項に規定する苦情の内容等の記録
　五　次条において準用する第三十七条第二項に規定する事故の状況及び事故に際して採った処置についての記録

（準用）
第百五条　第八条から第十七条まで、第十九条、第二十一条、第二十六条、第二十七条、第三十二条から第三十八条まで及び第五十二条の規定は、指定通所介護の事業について準用する。この場合において、第八条中「二十九条」とあるのは「第百条」と、「訪問介護員等」とあるのは「通所介護従業者」と、第三十二条中「訪問介護員等」とあるのは「通所介護従業者」と読み替えるものとする。

（3）第八章　通所リハビリテーション
第一節　基本方針
（基本方針）
第百十条　指定居宅サービスに該当する通所リハビリテーション（以下「指定通所リハビリテーション」という。）の事業は、要介護状態となった場合においても、その利用者が可能な限りその居宅において、その有する能力に応じ自立した日常生活を営むことができるよう、理学療法、作業療法その他必要なリハビリテーションを行うことにより、利用者の心身の機能の維持回復を図るものでなければならない。

第四節　運営に関する基準
（指定通所リハビリテーションの基本取扱方針）
第百十三条　指定通所リハビリテーションは、利用者の要介護状態の軽減又は悪化の防止に資するよう、その目標を設定し、計画的に行われなければならない。
2 指定通所リハビリテーション事業者は、自らその提供する指定通所リハビリテーションの質の評価を行い、常にその改善を図らなければならない。

（指定通所リハビリテーションの具体的取扱方針）
第百十四条　指定通所リハビリテーションの方針は、次に掲げるところによるものとする。
　一　指定通所リハビリテーションの提供に当たっては、医師の指示及び次条第一項に規定する通所リハビリテーション計画に基づき、利用者の心身の機能の維持回復を図り、日常生活の自立に資するよう、妥当適切に行う。
　二　通所リハビリテーション従業者は、指定通所リハビリテーションの提供に当たっては、懇切丁寧に行うことを旨とし、利用者又はその家族に対し、リハビリテーションの観点から療養上必要とされる事項について、理解しやすいように指導又は説明を行う。
　三　指定通所リハビリテーションの提供に当たっては、常に利用者の病状、心身の状況及びその置かれている環境の的確な把握に努め、利用者に対し適切なサービスを提供する。特に、認知症である要介護者に対しては、必要に応じ、その特性に対応したサービス提供ができる体制を整える。

（通所リハビリテーション計画の作成）
第百十五条　医師及び理学療法士、作業療法士その他専ら指定通所リハビリテーションの提供に当たる通所リハビリテーション従業者（以下「医師等の従業者」という。）は、診療又は運動機能検査、作業能力検査等を基に、共同して、利用者の心身の状況、希望及びその置かれている環境を踏まえて、リハビリテーションの目標、当該目標を達成するための具体的なサービスの内容等を記載した通所リハビリテーション計画を作成しなければならない。
2 通所リハビリテーション計画は、既に居宅サービス計画が作成されている場合は、当該計画の内容に沿って作成しなければならない。
3 医師等の従業者は、通所リハビリテーション計画の作成に当たっては、その内容について利用者又はその家族に対して説明し、利用者の同意を得なければならない。
4 医師等の従業者は、通所リハビリテーション計画を作成した際には、当該通所リハビリテーション計画を利用者に交付しなければならない。
5 通所リハビリテーション従業者は、それぞれの利用者について、通所リハビリテーション計画に従ったサービスの実施状況及びその評価を診療記録に記載する。

（管理者等の責務）
第百十六条　指定通所リハビリテーション事業所の管理者は、医師、理学療法士、作業療法士又は専ら指定通所リハビリテーションの提供に当たる看護師のうちから選任した者に、必要な管理の代行をさせることができる。
2 指定通所リハビリテーション事業所の管理者又は前項の管理を代行する者は、指定通所リハビリテーション事業所の従業者にこの節の規定を遵守させるための必要な指揮命令を行うものとする。

（運営規程）
第百十七条　指定通所リハビリテーション事業者は、指定通所リハビリテーション事業所ごとに、次に掲げる事業の運営についての重要事項に関する規程（以下この章において「運営規程」という。）を定めておかなければならない。
　一　事業の目的及び運営の方針
　二　従業者の職種、員数及び職務の内容
　三　営業日及び営業時間
　四　指定通所リハビリテーションの利用定員
　五　指定通所リハビリテーションの内容及び利用料その他の費用の額
　六　通常の事業の実施地域
　七　サービス利用に当たっての留意事項
　八　非常災害対策
　九　その他運営に関する重要事項

(衛生管理等)
第百十八条　指定通所リハビリテーション事業者は、利用者の使用する施設、食器その他の設備又は飲用に供する水について、衛生的な管理に努め、又は衛生上必要な措置を講ずるとともに、医薬品及び医療機器の管理を適正に行わなければならない。
2　指定通所リハビリテーション事業者は、当該事業所において感染症が発生し、又はまん延しないように必要な措置を講ずるよう努めなければならない。

(記録の整備)
第百十八条の二　指定通所リハビリテーション事業者は、従業者、設備、備品及び会計に関する諸記録を整備しておかなければならない。
2　指定通所リハビリテーション事業者は、利用者に対する指定通所リハビリテーションの提供に関する次の各号に掲げる記録を整備し、その完結の日から二年間保存しなければならない。
一　通所リハビリテーション計画
二　次条において準用する第十九条第二項に規定する提供した具体的なサービスの内容等の記録
三　次条において準用する第二十六条に規定する市町村への通知に係る記録
四　次条において準用する第三十六条第二項に規定する苦情の内容等の記録
五　次条において準用する第三十七条第二項に規定する事故の状況及び事故に際して採った処置についての記録

(準用)
第百十九条　第八条から第十三条まで、第十五条から第十七条まで、第十九条、第二十一条、第二十六条、第二十七条、第三十二条、第三十三条、第三十五条から第三十八条まで、第六十四条、第九十六条及び第百一条から第百三条までの規定は、指定通所リハビリテーションの事業について準用する。この場合において、これらの規定中「訪問介護員等」とあるのは「通所リハビリテーション従業者」と、第八条中「第二十九条」とあるのは「第百十七条」と、第十三条中「心身の状況」とあるのは「心身の状況、病歴」と、第百一条第三項中「通所介護従業者」とあるのは「通所リハビリテーション従業者」と読み替えるものとする。

(4) 第九章　短期入所生活介護
第一節　基本方針

(基本方針)
第百二十条　指定居宅サービスに該当する短期入所生活介護(以下「指定短期入所生活介護」という。)の事業は、要介護状態となった場合においても、その利用者が可能な限りその居宅において、その有する能力に応じ自立した日常生活を営むことができるよう、入浴、排せつ、食事等の介護その他の日常生活上の世話及び機能訓練を行うことにより、利用者の心身の機能の維持並びに利用者の家族の身体的及び精神的負担の軽減を図るものでなければならない。

第四節　運営に関する基準

(内容及び手続の説明及び同意)
第百二十五条　指定短期入所生活介護事業者は、指定短期入所生活介護の提供の開始に際し、あらかじめ、利用申込者又はその家族に対し、第百三十七条に規定する運営規程の概要、短期入所生活介護従業者の勤務の体制その他の利用申込者のサービスの選択に資すると認められる重要事項を記した文書を交付して説明を行い、サービスの内容及び利用期間等について利用申込者の同意を得なければならない。
2　第八条第二項から第六項までの規定は、前項の規定による文書の交付について準用する。

(指定短期入所生活介護の開始及び終了)
第百二十六条　指定短期入所生活介護事業者は、利用者の心身の状況により、若しくはその家族の疾病、冠婚葬祭、出張等の理由により、又は利用者の家族の身体的及び精神的な負担の軽減等を図るために、一時的に居宅において日常生活を営むのに支障がある者を対象に、指定短期入所生活介護を提供するものとする。
2　指定短期入所生活介護事業者は、居宅介護支援事業者その他保健医療サービス又は福祉サービスを提供する者との密接な連携により、指定短期入所生活介護の提供の開始前から終了後に至るまで利用者が継続的に保健医療サービス又は福祉サービスを利用できるよう必要な援助に努めなければならない。

(利用料等の受領)
第百二十七条　指定短期入所生活介護事業者は、法定代理受領サービスに該当する指定短期入所生活介護を提供した際には、その利用者から利用料の一部として、当該指定短期入所生活介護に係る居宅介護サービス費用基準額から当該指定短期入所生活介護事業者に支払われる居宅介護サービス費の額を控除して得た額の支払を受けるものとする。
2　指定短期入所生活介護事業者は、法定代理受領サービスに該当しない指定短期入所生活介護を提供した際にその利用者から支払を受ける利用料と、指定短期入所生活介護に係る居宅介護サービス費用基準額との間に、不合理な差額が生じないようにしなければならない。
3　指定短期入所生活介護事業者は、前二項の支払を受ける額のほか、次の各号に掲げる費用の額の支払を利用者から受けることができる。
一　食事の提供に要する費用(法第五十一条の三第一項の規定により特定入所者介護サービス費が利用者に支給された場合は、同条第二項第一号に規定する食費の基準費用額(同条第四項の規定により当該特定入所者介護サービス費が利用者に代わり当該指定短期入所生活介護事業者に支払われた場合は、同条第二項第一号に規定する食費の負担限度額)を限度とする。)
二　滞在に要する費用(法第五十一条の三第一項の規定により特定入所者介護サービス費が利用者に支給された場合は、同条第二項第二号に規定する居住費の基準費用額(同条第四項の規定により当該特定入所者介護サービス費が利用者に代わり当該指定短期入所生活介護事業者に支払われた場合は、同条第二項第二号に規定する居住費の負担限度額)を限度とする。)

三　厚生労働大臣の定める基準に基づき利用者が選定する特別な居室の提供を行ったことに伴い必要となる費用

四　厚生労働大臣の定める基準に基づき利用者が選定する特別な食事の提供を行ったことに伴い必要となる費用

五　送迎に要する費用（厚生労働大臣が別に定める場合を除く。）

六　理美容代

七　前各号に掲げるもののほか、指定短期入所生活介護において提供される便宜のうち、日常生活においても通常必要となるものに係る費用であって、その利用者に負担させることが適当と認められるもの

4　前項第一号から第四号までに掲げる費用については、別に厚生労働大臣が定めるところによるものとする。

5　指定短期入所生活介護事業者は、第三項の費用の額に係るサービスの提供に当たっては、あらかじめ、利用者又はその家族に対し、当該サービスの内容及び費用を記した文書を交付して説明を行い、利用者の同意を得なければならない。ただし、同項第一号から第四号までに掲げる費用に係る同意については、文書によるものとする。

（指定短期入所生活介護の取扱方針）

第百二十八条　指定短期入所生活介護事業者は、利用者の要介護状態の軽減又は悪化の防止に資するよう、認知症の状況等利用者の心身の状況を踏まえて、日常生活に必要な援助を妥当適切に行わなければならない。

2　指定短期入所生活介護は、相当期間以上にわたり継続して入所する利用者については、次条第一項に規定する短期入所生活介護計画に基づき、漫然かつ画一的なものとならないよう配慮して行われなければならない。

3　短期入所生活介護従業者は、指定短期入所生活介護の提供に当たっては、懇切丁寧を旨とし、利用者又はその家族に対し、サービスの提供方法等について、理解しやすいように説明を行わなければならない。

4　指定短期入所生活介護事業者は、指定短期入所生活介護の提供に当たっては、当該利用者又は他の利用者等の生命又は身体を保護するため緊急やむを得ない場合を除き、身体的拘束その他利用者の行動を制限する行為（以下「身体的拘束等」という。）を行ってはならない。

5　指定短期入所生活介護事業者は、前項の身体的拘束等を行う場合には、その態様及び時間、その際の利用者の心身の状況並びに緊急やむを得ない理由を記録しなければならない。

6　指定短期入所生活介護事業者は、自らその提供する指定短期入所生活介護の質の評価を行い、常にその改善を図らなければならない。

（短期入所生活介護計画の作成）

第百二十九条　指定短期入所生活介護事業所の管理者は、相当期間以上にわたり継続して入所することが予定される利用者については、利用者の心身の状況、希望及びその置かれている環境を踏まえて、指定短期入所生活介護の提供の開始前から終了後に至るまでの利用者が利用するサービスの継続性に配慮して、他の短期入所生活介護従業者と協議の上、サービスの目標、当該目標を達成するための具体的なサービスの内容等を記載した短期入所生活介護計画を作成しなければならない。

2　短期入所生活介護計画は、既に居宅サービス計画が作成されている場合は、当該計画の内容に沿って作成しなければならない。

3　指定短期入所生活介護事業所の管理者は、短期入所生活介護計画の作成に当たっては、その内容について利用者又はその家族に対して説明し、利用者の同意を得なければならない。

4　指定短期入所生活介護事業所の管理者は、短期入所生活介護計画を作成した際には、当該短期入所生活介護計画を利用者に交付しなければならない。

（介護）

第百三十条　介護は、利用者の心身の状況に応じ、利用者の自立の支援と日常生活の充実に資するよう、適切な技術をもって行われなければならない。

2　指定短期入所生活介護事業者は、一週間に二回以上、適切な方法により、利用者を入浴させ、又は清しきしなければならない。

3　指定短期入所生活介護事業者は、利用者の心身の状況に応じ、適切な方法により、排せつの自立について必要な援助を行わなければならない。

4　指定短期入所生活介護事業者は、おむつを使用せざるを得ない利用者のおむつを適切に取り替えなければならない。

5　指定短期入所生活介護事業者は、前各項に定めるほか、利用者に対し、離床、着替え、整容その他日常生活上の世話を適切に行わなければならない。

6　指定短期入所生活介護事業者は、常時一人以上の介護職員を介護に従事させなければならない。

7　指定短期入所生活介護事業者は、その利用者に対して、利用者の負担により、当該指定短期入所生活介護事業所の従業者以外の者による介護を受けさせてはならない。

（食事）

第百三十一条　指定短期入所生活介護事業者は、栄養並びに利用者の心身の状況及び嗜好を考慮した食事を、適切な時間に提供しなければならない。

2　指定短期入所生活介護事業者は、利用者が可能な限り離床して、食堂で食事を摂ることを支援しなければならない。

（機能訓練）

第百三十二条　指定短期入所生活介護事業者は、利用者の心身の状況等を踏まえ、必要に応じて日常生活を送る上で必要な生活機能の改善又は維持のための機能訓練を行わなければならない。

（健康管理）

第百三十三条　指定短期入所生活介護事業所の医師及び看護職員は、常に利用者の健康の状況に注意するとともに、健康保持のための適切な措置をとらなければならない。

（相談及び援助）

第百三十四条　指定短期入所生活介護事業者は、常に利用者の心身の状況、その置かれている環境等の的確な把握に努め、利用者又はその家族に対し、その相談に適切に応じるとともに、必要な助言その他の援助を行わなけれ

（その他のサービスの提供）
第百三十五条　指定短期入所生活介護事業者は、教養娯楽設備等を備えるほか、適宜利用者のためのレクリエーション行事を行わなければならない。
2　指定短期入所生活介護事業者は、常に利用者の家族との連携を図るよう努めなければならない。
（緊急時等の対応）
第百三十六条　短期入所生活介護従業者は、現に指定短期入所生活介護の提供を行っているときに利用者に病状の急変が生じた場合その他必要な場合は、速やかに主治の医師又はあらかじめ指定短期入所生活介護事業者が定めた協力医療機関への連絡を行う等の必要な措置を講じなければならない。
（運営規程）
第百三十七条　指定短期入所生活介護事業者は、次に掲げる事業の運営についての重要事項に関する規程（以下この章において「運営規程」という。）を定めておかなければならない。
一　事業の目的及び運営の方針
二　従業者の職種、員数及び職務の内容
三　利用定員（第百二十一条第二項の適用を受ける特別養護老人ホームである場合を除く。）
四　指定短期入所生活介護の内容及び利用料その他の費用の額
五　通常の送迎の実施地域
六　サービス利用に当たっての留意事項
七　緊急時等における対応方法
八　非常災害対策
九　その他運営に関する重要事項
（定員の遵守）
第百三十八条　指定短期入所生活介護事業者は、次に掲げる利用者数以上の利用者に対して同時に指定短期入所生活介護を行ってはならない。ただし、災害、虐待その他のやむを得ない事情がある場合は、この限りでない。
一　第百二十一条第二項の適用を受ける特別養護老人ホームである指定短期入所生活介護事業所にあっては、当該特別養護老人ホームの入所定員及び居室の定員を超えることとなる利用者数
二　前号に該当しない指定短期入所生活介護事業所にあっては、利用定員及び居室の定員を超えることとなる利用者数
（地域等との連携）
第百三十九条　指定短期入所生活介護の事業の運営に当たっては、地域住民又はその自発的な活動等との連携及び協力を行う等の地域との交流に努めなければならない。
（記録の整備）
第百三十九条の二　指定短期入所生活介護事業者は、従業者、設備、備品及び会計に関する諸記録を整備しておかなければならない。
2　指定短期入所生活介護事業者は、利用者に対する指定短期入所生活介護の提供に関する次の各号に掲げる記録を整備し、その完結の日から二年間保存しなければならない。

一　短期入所生活介護計画
二　次条において準用する第十九条第二項に規定する提供した具体的なサービスの内容等の記録
三　第百二十八条第五項に規定する身体的拘束等の態様及び時間、その際の利用者の心身の状況並びに緊急やむを得ない理由の記録
四　次条において準用する第二十六条に規定する市町村への通知に係る記録
五　次条において準用する第三十六条第二項に規定する苦情の内容等の記録
六　次条において準用する第三十七条第二項に規定する事故の状況及び事故に際して採った処置についての記録
（準用）
第百四十条　第九条から第十三条まで、第十五条、第十六条、第十九条、第二十一条、第二十六条、第三十二条から第三十八条まで、第五十二条、第百一条、第百三条及び第百四条は、指定短期入所生活介護の事業について準用する。この場合において、第三十二条中「訪問介護員等」とあるのは「短期入所生活介護従業者」と、第百一条第三項中「通所介護従業者」とあるのは「短期入所生活介護従業者」と読み替えるものとする。

指定地域密着型サービスの事業の人員、設備及び運営に関する基準

（平成一八・三・一四）
（厚令三四）

（5）第五章　認知症対応型共同生活介護
第一節　基本方針
第八十九条　指定地域密着型サービスに該当する認知症対応型共同生活介護（以下「指定認知症対応型共同生活介護」という。）の事業は、要介護者であって認知症であるものについて、共同生活住居（法第八条第十九項に規定する共同生活を営むべき住居をいう。以下同じ。）において、家庭的な環境と地域住民との交流の下で入浴、排せつ、食事等の介護その他の日常生活上の世話及び機能訓練を行うことにより、利用者がその有する能力に応じ自立した日常生活を営むことができるようにするものでなければならない。

第四節　運営に関する基準
（入退居）
第九十四条　指定認知症対応型共同生活介護は、要介護者であって認知症であるもののうち、少人数による共同生活を営むことに支障がない者に提供するものとする。
2　指定認知症対応型共同生活介護事業者は、入居申込者の入居に際しては、主治の医師の診断書等により当該入居申込者が認知症である者であることの確認をしなければならない。
3　指定認知症対応型共同生活介護事業者は、入居申込者が入院治療を要する者であること等入居申込者に対し自ら必要なサービスを提供することが困難であると認めた場合は、適切な他の指定認知症対応型共同生活介護事業

者、介護保険施設、病院又は診療所を紹介する等の適切な措置を速やかに講じなければならない。
4　指定認知症対応型共同生活介護事業者は、入居申込者の入居に際しては、その者の心身の状況、生活歴、病歴等の把握に努めなければならない。
5　指定認知症対応型共同生活介護事業者は、利用者の退居の際には、利用者及びその家族の希望を踏まえた上で、退居後の生活環境や介護の継続性に配慮し、退居に必要な援助を行わなければならない。
6　指定認知症対応型共同生活介護事業者は、利用者の退居に際しては、利用者又はその家族に対し、適切な指導を行うとともに、指定居宅介護支援事業者等への情報の提供及び保健医療サービス又は福祉サービスを提供する者との密接な連携に努めなければならない。

（サービスの提供の記録）
第九十五条　指定認知症対応型共同生活介護事業者は、入居に際しては入居の年月日及び入居している共同生活住居の名称を、退居に際しては退居の年月日を、利用者の被保険者証に記載しなければならない。
2　指定認知症対応型共同生活介護事業者は、指定認知症対応型共同生活介護を提供した際には、提供した具体的なサービスの内容等を記録しなければならない。

（利用料等の受領）
第九十六条　指定認知症対応型共同生活介護事業者は、法定代理受領サービスに該当する指定認知症対応型共同生活介護を提供した際には、その利用者から利用料の一部として、当該指定認知症対応型共同生活介護に係る地域密着型介護サービス費用基準額から当該指定認知症対応型共同生活介護事業者に支払われる地域密着型介護サービス費の額を控除して得た額の支払を受けるものとする。
2　指定認知症対応型共同生活介護事業者は、法定代理受領サービスに該当しない指定認知症対応型共同生活介護を提供した際にその利用者から支払を受ける利用料の額と、指定認知症対応型共同生活介護に係る地域密着型介護サービス費用基準額との間に、不合理な差額が生じないようにしなければならない。
3　指定認知症対応型共同生活介護事業者は、前二項の支払を受ける額のほか、次に掲げる費用の額の支払を利用者から受けることができる。
　一　食材料費
　二　理美容代
　三　おむつ代
　四　前三号に掲げるもののほか、指定認知症対応型共同生活介護において提供される便宜のうち、日常生活においても通常必要となるものに係る費用であって、その利用者に負担させることが適当と認められるもの
4　指定認知症対応型共同生活介護事業者は、前項の費用の額に係るサービスの提供に当たっては、あらかじめ、利用者又はその家族に対し、当該サービスの内容及び費用について説明を行い、利用者の同意を得なければならない。

（指定認知症対応型共同生活介護の取扱方針）
第九十七条　指定認知症対応型共同生活介護は、利用者の認知症の症状の進行を緩和し、安心して日常生活を送ることができるよう、利用者の心身の状況を踏まえ、妥当適切に行われなければならない。
2　指定認知症対応型共同生活介護は、利用者一人一人の人格を尊重し、利用者がそれぞれの役割を持って家庭的な環境の下で日常生活を送ることができるよう配慮して行われなければならない。
3　指定認知症対応型共同生活介護は、認知症対応型共同生活介護計画に基づき、漫然かつ画一的なものとならないよう配慮して行われなければならない。
4　共同生活住居における介護従業者は、指定認知症対応型共同生活介護の提供に当たっては、懇切丁寧に行うことを旨とし、利用者又はその家族に対し、サービスの提供方法等について、理解しやすいように説明を行わなければならない。
5　指定認知症対応型共同生活介護事業者は、指定認知症対応型共同生活介護の提供に当たっては、当該利用者又は他の利用者等の生命又は身体を保護するため緊急やむを得ない場合を除き、身体的拘束等を行ってはならない。
6　指定認知症対応型共同生活介護事業者は、前項の身体的拘束等を行う場合には、その態様及び時間、その際の利用者の心身の状況並びに緊急やむを得ない理由を記録しなければならない。
7　指定認知症対応型共同生活介護事業者は、自らその提供する指定認知症対応型共同生活介護の質の評価を行うとともに、定期的に外部の者による評価を受けて、それらの結果を公表し、常にその改善を図らなければならない。

（認知症対応型共同生活介護計画の作成）
第九十八条　共同生活住居の管理者は、計画作成担当者（第九十条第七項の計画作成担当者をいう。以下この条において同じ。）に認知症対応型共同生活介護計画の作成に関する業務を担当させるものとする。
2　認知症対応型共同生活介護計画の作成に当たっては、通所介護等の活用、地域における活動への参加の機会の提供等により、利用者の多様な活動の確保に努めなければならない。
3　計画作成担当者は、利用者の心身の状況、希望及びその置かれている環境を踏まえて、他の介護従業者と協議の上、援助の目標、当該目標を達成するための具体的なサービスの内容等を記載した認知症対応型共同生活介護計画を作成しなければならない。
4　計画作成担当者は、認知症対応型共同生活介護計画の作成に当たっては、その内容について利用者又はその家族に対して説明し、利用者の同意を得なければならない。
5　計画作成担当者は、認知症対応型共同生活介護計画を作成した際には、当該認知症対応型共同生活介護計画を利用者に交付しなければならない。
6　計画作成担当者は、認知症対応型共同生活介護計画の作成後においても、他の介護従業者及び利用者が認知症対応型共同生活介護計画に基づき利用する他の指定居宅サービス等を行う者との連絡を継続的に行うことにより、認知症対応型共同生活介護計画の実施状況の把握を行い、必要に応じて認知症対応型共同生活介護計画の変更を行うものとする。
7　第二項から第五項までの規定は、前項に規定する認知

症対応型共同生活介護計画の変更について準用する。
（介護等）
第九十九条　介護は、利用者の心身の状況に応じ、利用者の自立の支援と日常生活の充実に資するよう、適切な技術をもって行われなければならない。
2　指定認知症対応型共同生活介護事業者は、その利用者に対して、利用者の負担により、当該共同生活住居における介護従業者以外の者による介護を受けさせてはならない。
3　利用者の食事その他の家事等は、原則として利用者と介護従業者が共同で行うよう努めるものとする。
（社会生活上の便宜の提供等）
第百条　指定認知症対応型共同生活介護事業者は、利用者の趣味又は嗜し好に応じた活動の支援に努めなければならない。
2　指定認知症対応型共同生活介護事業者は、利用者が日常生活を営む上で必要な行政機関に対する手続等について、その者又はその家族が行うことが困難である場合は、その者の同意を得て、代わって行わなければならない。
3　指定認知症対応型共同生活介護事業者は、常に利用者の家族との連携を図るとともに利用者とその家族との交流等の機会を確保するよう努めなければならない。
（管理者による管理）
第百一条　共同生活住居の管理者は、同時に介護保険施設、指定居宅サービス、指定地域密着型サービス、指定介護予防サービス若しくは地域密着型介護予防サービスの事業を行う事業所、病院、診療所又は社会福祉施設を管理する者であってはならない。ただし、これらの事業所、施設等が同一敷地内にあること等により当該共同生活住居の管理上支障がない場合は、この限りでない。
（運営規程）
第百二条　指定認知症対応型共同生活介護事業者は、共同生活住居ごとに、次に掲げる事業の運営についての重要事項に関する規程を定めておかなければならない。
一　事業の目的及び運営の方針
二　従業者の職種、員数及び職務内容
三　利用定員
四　指定認知症対応型共同生活介護の内容及び利用料その他の費用の額
五　入居に当たっての留意事項
六　非常災害対策
七　その他運営に関する重要事項
（勤務体制の確保等）
第百三条　指定認知症対応型共同生活介護事業者は、利用者に対し、適切な指定認知症対応型共同生活介護を提供できるよう、従業者の勤務の体制を定めておかなければならない。
2　前項の介護従業者の勤務の体制を定めるに当たっては、利用者が安心して日常生活を送ることができるよう、継続性を重視したサービスの提供に配慮しなければならない。
3　指定認知症対応型共同生活介護事業者は、介護従業者の資質の向上のために、その研修の機会を確保しなければならない。
（定員の遵守）
第百四条　指定認知症対応型共同生活介護事業者は、入居定員及び居室の定員を超えて入居させてはならない。ただし、災害その他のやむを得ない事情がある場合は、この限りでない。
（協力医療機関等）
第百五条　指定認知症対応型共同生活介護事業者は、利用者の病状の急変等に備えるため、あらかじめ、協力医療機関を定めておかなければならない。
2　指定認知症対応型共同生活介護事業者は、あらかじめ、協力歯科医療機関を定めておくよう努めなければならない。
3　指定認知症対応型共同生活介護事業者は、サービスの提供体制の確保、夜間における緊急時の対応等のため、介護老人福祉施設、介護老人保健施設、病院等との間の連携及び支援の体制を整えなければならない。
（指定居宅介護支援事業者に対する利益供与等の禁止）
第百六条　指定認知症対応型共同生活介護事業者は、指定居宅介護支援事業者又はその従業者に対し、要介護被保険者に対して当該共同生活住居を紹介することの対償として、金品その他の財産上の利益を供与してはならない。
2　指定認知症対応型共同生活介護事業者は、指定居宅介護支援事業者又はその従業者から、当該共同生活住居からの退居者を紹介することの対償として、金品その他の財産上の利益を収受してはならない。
（記録の整備）
第百七条　指定認知症対応型共同生活介護事業者は、従業者、設備、備品及び会計に関する諸記録を整備しておかなければならない。
2　指定認知症対応型共同生活介護事業者は、利用者に対する指定認知症対応型共同生活介護の提供に関する次の各号に掲げる記録を整備し、その完結の日から二年間保存しなければならない。
一　認知症対応型共同生活介護計画
二　第九十五条第二項に規定する提供した具体的なサービスの内容等の記録
三　第九十七条第六項に規定する身体的拘束等の態様及び時間、その際の利用者の心身の状況並びに緊急やむを得ない理由の記録
四　次条において準用する第三条の二十六に規定する市町村への通知に係る記録
五　次条において準用する第三条の三十六第二項に規定する苦情の内容等の記録
六　次条において準用する第三条の三十八第二項に規定する事故の状況及び事故に際して採った処置についての記録
七　次条において準用する第八十五条第二項に規定する報告、評価、要望、助言等の記録
（準用）
第百八条　第三条の七、第三条の八、第三条の十、第三条の十一、第三条の二十、第三条の二十六、第三条の三十二から第三条の三十四まで、第三条の三十六、第三条の三十八、第三条の三十九、第五十三条、第五十八条、第八十条、第八十二条の二、第八十四条及び第八十五条第一項から第四項までの規定は、指定認知症対応型共同生活介護の事業について準用する。この場合におい

て、第三条の七第一項中「第三条の二十九に規定する運営規程」とあるのは「第百二条に規定する重要事項に関する規程」と、「定期巡回・随時対応型訪問介護看護従業者」とあるのは「介護従業者」と、第三条の三十二中「定期巡回・随時対応型訪問介護看護従業者」とあるのは「介護従業者」と、第五十三条第二項中「この節」とあるのは「第五章第四節」と、第八十条中「小規模多機能型居宅介護従業者」とあるのは「介護従業者」と、第八十二条の二中「指定小規模多機能型居宅介護事業者」とあるのは「指定認知症対応型共同生活介護事業者」と、第八十五条第一項中「小規模多機能型居宅介護について知見を有する者」とあるのは「認知症対応型共同生活介護について知見を有する者」と、「通いサービス及び宿泊サービスの提供回数等の活動状況」とあるのは「活動状況」と読み替えるものとする。

指定介護老人福祉施設の人員、設備及び運営に関する基準

（平成一一・三・三一）
（厚令三九）

（6）第一章 趣旨及び基本方針

（基本方針）

第一条の二 指定介護老人福祉施設は、施設サービス計画に基づき、可能な限り、居宅における生活への復帰を念頭に置いて、入浴、排せつ、食事等の介護、相談及び援助、社会生活上の便宜の供与その他の日常生活上の世話、機能訓練、健康管理及び療養上の世話を行うことにより、入所者がその有する能力に応じ自立した日常生活を営むことができるようにすることを目指すものでなければならない。

2　指定介護老人福祉施設は、入所者の意思及び人格を尊重し、常にその者の立場に立って指定介護老人福祉施設サービスを提供するように努めなければならない。

3　指定介護老人福祉施設は、明るく家庭的な雰囲気を有し、地域や家庭との結び付きを重視した運営を行い、市町村（特別区を含む。以下同じ。）、居宅介護支援事業者（居宅介護支援事業を行う者をいう。以下同じ。）、居宅サービス事業者（居宅サービス事業を行う者をいう。以下同じ。）、他の介護保険施設その他の保健医療サービス又は福祉サービスを提供する者との密接な連携に努めなければならない。

第四章 運営に関する基準

（内容及び手続の説明及び同意）

第四条 指定介護老人福祉施設は、指定介護福祉施設サービスの提供の開始に際しては、あらかじめ、入所申込者又はその家族に対し、第二十三条に規定する運営規程の概要、従業者の勤務の体制その他の入所申込者のサービスの選択に資すると認められる重要事項を記した文書を交付して説明を行い、当該提供の開始について入所申込者の同意を得なければならない。

2　指定介護老人福祉施設は、入所申込者又はその家族からの申出があった場合には、前項の規定による文書の交付に代えて、第五項で定めるところにより、当該入所申込者又はその家族の承諾を得て、当該文書に記すべき重要事項を電子情報処理組織を使用する方法その他の情報通信の技術を利用する方法であって次に掲げるもの（以下この条において「電磁的方法」という。）により提供することができる。この場合において、当該指定介護老人福祉施設は、当該文書を交付したものとみなす。

一　電子情報処理組織を使用する方法のうちイ又はロに掲げるもの
　イ　指定介護老人福祉施設の使用に係る電子計算機と入所申込者又はその家族の使用に係る電子計算機とを接続する電気通信回線を通じて送信し、受信者の使用に係る電子計算機に備えられたファイルに記録する方法
　ロ　指定介護老人福祉施設の使用に係る電子計算機に備えられたファイルに記録された前項に規定する重要事項を電気通信回線を通じて入所申込者又はその家族の閲覧に供し、当該入所申込者又はその家族の使用に係る電子計算機に備えられたファイルに当該重要事項を記録する方法（電磁的方法による提供を受ける旨の承諾又は受けない旨の申出をする場合にあっては、指定介護老人福祉施設の使用に係る電子計算機に備えられたファイルにその旨を記録する方法）
二　磁気ディスク、シー・ディー・ロムその他これらに準ずる方法により一定の事項を確実に記録しておくことができる物をもって調製するファイルに前項に規定する重要事項を記録したものを交付する方法

3　前項に掲げる方法は、入所申込者又はその家族がファイルへの記録を出力することによる文書を作成することができるものでなければならない。

4　第二項第一号の「電子情報処理組織」とは、指定介護老人福祉施設の使用に係る電子計算機と、入所申込者又はその家族の使用に係る電子計算機とを電気通信回線で接続した電子情報処理組織をいう。

5　指定介護老人福祉施設は、第二項の規定により第一項に規定する重要事項を提供しようとするときは、あらかじめ、当該入所申込者又はその家族に対し、その用いる次に掲げる電磁的方法の種類及び内容を示し、文書又は電磁的方法による承諾を得なければならない。

一　第二項各号に規定する方法のうち指定介護老人福祉施設が使用するもの
二　ファイルへの記録の方式

6　前項の規定による承諾を得た指定介護老人福祉施設は、当該入所申込者又はその家族から文書又は電磁的方法により電磁的方法による提供を受けない旨の申出があったときは、当該入所申込者又はその家族に対し、第一項に規定する重要事項の提供を電磁的方法によってしてはならない。ただし、当該入所申込者又はその家族が再び前項の規定による承諾をした場合は、この限りでない。

（提供拒否の禁止）

第四条の二 指定介護老人福祉施設は、正当な理由なく指定介護福祉施設サービスの提供を拒んではならない。

（サービス提供困難時の対応）

第四条の三 指定介護老人福祉施設は、入所申込者が入院

治療を必要とする場合その他入所申込者に対し自ら適切な便宜を提供することが困難である場合は、適切な病院若しくは診療所又は介護老人保健施設を紹介する等の適切な措置を速やかに講じなければならない。

（受給資格等の確認）

第五条　指定介護老人福祉施設は、指定介護福祉施設サービスの提供を求められた場合は、その者の提示する被保険者証によって、被保険者資格、要介護認定の有無及び要介護認定の有効期間を確かめなければならない。

2　指定介護老人福祉施設は、前項の被保険者証に法第七十三条第二項に規定する認定審査会意見が記載されているときは、当該認定審査会意見に配慮して、指定介護福祉施設サービスを提供するように努めなければならない。

（要介護認定の申請に係る援助）

第六条　指定介護老人福祉施設は、入所の際に要介護認定を受けていない入所申込者については、要介護認定の申請が既に行われているかどうかを確認し、申請が行われていない場合は、入所申込者の意思を踏まえて速やかに当該申請が行われるよう必要な援助を行わなければならない。

2　指定介護老人福祉施設は、要介護認定の更新の申請が、遅くとも当該入所者が受けている要介護認定の有効期間の満了日の三十日前には行われるよう必要な援助を行わなければならない。

（入退所）

第七条　指定介護老人福祉施設は、身体上又は精神上著しい障害があるために常時の介護を必要とし、かつ、居宅においてこれを受けることが困難な者に対し、指定介護福祉施設サービスを提供するものとする。

2　指定介護老人福祉施設は、入所申込者の数が入所定員から入所者の数を差し引いた数を超えている場合には、介護の必要の程度及び家族等の状況を勘案し、指定介護福祉施設サービスを受ける必要性が高いと認められる入所申込者を優先的に入所させるよう努めなければならない。

3　指定介護老人福祉施設は、入所申込者の入所に際しては、その者に係る居宅介護支援事業者に対する照会等により、その者の心身の状況、生活歴、病歴、指定居宅サービス等（法第八条第二十三項に規定する指定居宅サービス等をいう。以下同じ。）の利用状況等の把握に努めなければならない。

4　指定介護老人福祉施設は、入所者の心身の状況、その置かれている環境等に照らし、その者が居宅において日常生活を営むことができるかどうかについて定期的に検討しなければならない。

5　前項の検討に当たっては、生活相談員、介護職員、看護職員、介護支援専門員等の従業者の間で協議しなければならない。

6　指定介護老人福祉施設は、その心身の状況、その置かれている環境等に照らし、居宅において日常生活を営むことができると認められる入所者に対し、その者及びその家族の希望、その者が退所後に置かれることとなる環境等を勘案し、その者の円滑な退所のために必要な援助を行わなければならない。

7　指定介護老人福祉施設は、入所者の退所に際しては、居宅サービス計画の作成等の援助に資するため、居宅介護支援事業者に対する情報の提供に努めるほか、保健医療サービス又は福祉サービスを提供する者との密接な連携に努めなければならない。

（サービスの提供の記録）

第八条　指定介護老人福祉施設は、入所に際しては入所の年月日並びに入所している介護保険施設の種類及び名称を、退所に際しては退所の年月日を、当該者の被保険者証に記載しなければならない。

2　指定介護老人福祉施設は、指定介護福祉施設サービスを提供した際には、提供した具体的なサービスの内容等を記録しなければならない。

（利用料等の受領）

第九条　指定介護老人福祉施設は、法定代理受領サービス（法第四十八条第四項の規定により施設介護サービス費（同条第一項に規定する施設介護サービス費をいう。以下同じ。）が入所者に代わり当該指定介護老人福祉施設に支払われる場合の当該施設介護サービス費に係る指定介護福祉施設サービスをいう。以下同じ。）に該当する指定介護福祉施設サービスを提供した際には、入所者から利用料（施設介護サービス費の支給の対象となる費用に係る対価をいう。以下同じ。）の一部として、当該指定介護福祉施設サービスについて同条第二項に規定する厚生労働大臣が定める基準により算定した費用の額（その額が現に当該指定介護福祉施設サービスに要した費用の額を超えるときは、当該現に指定介護福祉施設サービスに要した費用の額とする。以下「施設サービス費用基準額」という。）から当該指定介護老人福祉施設に支払われる施設介護サービス費の額を控除して得た額の支払を受けるものとする。

2　指定介護老人福祉施設は、法定代理受領サービスに該当しない指定介護福祉施設サービスを提供した際に入所者から支払を受ける利用料の額と、施設サービス費用基準額との間に、不合理な差額が生じないようにしなければならない。

3　指定介護老人福祉施設は、前二項の支払を受ける額のほか、次に掲げる費用の額の支払を受けることができる。

一　食事の提供に要する費用（法第五十一条の三第一項の規定により特定入所者介護サービス費が入所者に支給された場合は、同条第二項第一号に規定する食費の基準費用額（同条第四項の規定により当該特定入所者介護サービス費が入所者に代わり当該指定介護老人福祉施設に支払われた場合は、同条第二項第一号に規定する食費の負担限度額）を限度とする。）

二　居住に要する費用（法第五十一条の三第一項の規定により特定入所者介護サービス費が入所者に支給された場合は、同条第二項第二号に規定する居住費の基準費用額（同条第四項の規定により当該特定入所者介護サービス費が入所者に代わり当該指定介護老人福祉施設に支払われた場合は、同条第二項第二号に規定する居住費の負担限度額）を限度とする。）

三　厚生労働大臣の定める基準に基づき入所者が選定する特別な居室の提供を行ったことに伴い必要となる費用

四　厚生労働大臣の定める基準に基づき入所者が選定する特別な食事の提供を行ったことに伴い必要となる費用
　五　理美容代
　六　前各号に掲げるもののほか、指定介護福祉施設サービスにおいて提供される便宜のうち、日常生活においても通常必要となるものに係る費用であって、その入所者に負担させることが適当と認められるもの
4　前項第一号から第四号までに掲げる費用については、別に厚生労働大臣が定めるところによるものとする。
5　指定介護老人福祉施設は、第三項各号に掲げる費用の額に係るサービスの提供に当たっては、あらかじめ、入所者又はその家族に対し、当該サービスの内容及び費用を記した文書を交付して説明を行い、入所者の同意を得なければならない。ただし、同項第一号から第四号までに掲げる費用に係る同意については、文書によるものとする。

（保険給付の請求のための証明書の交付）
第十条　指定介護老人福祉施設は、法定代理受領サービスに該当しない指定介護福祉施設サービスに係る費用の支払を受けた場合は、その提供した指定介護福祉施設サービスの内容、費用の額その他必要と認められる事項を記載したサービス提供証明書を入所者に対して交付しなければならない。

（指定介護福祉施設サービスの取扱方針）
第十一条　指定介護老人福祉施設は、施設サービス計画に基づき、入所者の要介護状態の軽減又は悪化の防止に資するよう、その者の心身の状況等に応じて、その者の処遇を妥当適切に行わなければならない。
2　指定介護福祉施設サービスは、施設サービス計画に基づき、漫然かつ画一的なものとならないよう配慮して行われなければならない。
3　指定介護老人福祉施設の従業者は、指定介護福祉施設サービスの提供に当たっては、懇切丁寧を旨とし、入所者又はその家族に対し、処遇上必要な事項について、理解しやすいように説明を行わなければならない。
4　指定介護老人福祉施設は、指定介護福祉施設サービスの提供に当たっては、当該入所者又は他の入所者等の生命又は身体を保護するため緊急やむを得ない場合を除き、身体的拘束その他入所者の行動を制限する行為（以下「身体的拘束等」という。）を行ってはならない。
5　指定介護老人福祉施設は、前項の身体的拘束等を行う場合には、その態様及び時間、その際の入所者の心身の状況並びに緊急やむを得ない理由を記録しなければならない。
6　指定介護老人福祉施設は、自らその提供する指定介護福祉施設サービスの質の評価を行い、常にその改善を図らなければならない。

（施設サービス計画の作成）
第十二条　指定介護老人福祉施設の管理者は、介護支援専門員に施設サービス計画の作成に関する業務を担当させるものとする。
2　施設サービス計画に関する業務を担当する介護支援専門員（以下「計画担当介護支援専門員」という。）は、施設サービス計画の作成に当たっては、入所者の日常生活全般を支援する観点から、当該地域の住民による自発的な活動によるサービス等の利用も含めて施設サービス計画上に位置付けるよう努めなければならない。
3　計画担当介護支援専門員は、施設サービス計画の作成に当たっては、適切な方法により、入所者について、その有する能力、その置かれている環境等の評価を通じて入所者が現に抱える問題点を明らかにし、入所者が自立した日常生活を営むことができるように支援する上で解決すべき課題を把握しなければならない。
4　計画担当介護支援専門員は、前項に規定する解決すべき課題の把握（以下「アセスメント」という。）に当たっては、入所者及びその家族に面接して行わなければならない。この場合において、計画担当介護支援専門員は、面接の趣旨を入所者及びその家族に対して十分に説明し、理解を得なければならない。
5　計画担当介護支援専門員は、入所者の希望及び入所者についてのアセスメントの結果に基づき、入所者の家族の希望を勘案して、入所者及びその家族の生活に対する意向、総合的な援助の方針、生活全般の解決すべき課題、指定介護福祉施設サービスの目標及びその達成時期、指定介護福祉施設サービスの内容、指定介護福祉施設サービスを提供する上での留意事項等を記載した施設サービス計画の原案を作成しなければならない。
6　計画担当介護支援専門員は、サービス担当者会議（入所者に対する指定介護福祉施設サービスの提供に当たる他の担当者（以下この条において「担当者」という。）を召集して行う会議をいう。以下同じ。）の開催、担当者に対する照会等により、当該施設サービス計画の原案の内容について、担当者から、専門的な見地からの意見を求めるものとする。
7　計画担当介護支援専門員は、施設サービス計画の原案の内容について入所者又はその家族に対して説明し、文書により入所者の同意を得なければならない。
8　計画担当介護支援専門員は、施設サービス計画を作成した際には、当該施設サービス計画を入所者に交付しなければならない。
9　計画担当介護支援専門員は、施設サービス計画の作成後、施設サービス計画の実施状況の把握（入所者についての継続的なアセスメントを含む。）を行い、必要に応じて施設サービス計画の変更を行うものとする。
10　計画担当介護支援専門員は、前項に規定する実施状況の把握（以下「モニタリング」という。）に当たっては、入所者及びその家族並びに担当者との連絡を継続的に行うこととし、特段の事情のない限り、次に定めるところにより行わなければならない。
　一　定期的に入所者に面接すること。
　二　定期的にモニタリングの結果を記録すること。
11　計画担当介護支援専門員は、次に掲げる場合においては、サービス担当者会議の開催、担当者に対する照会等により、施設サービス計画の変更の必要性について、担当者から、専門的な見地からの意見を求めるものとする。
　一　入所者が法第二十八条第二項に規定する要介護更新認定を受けた場合

二　入所者が法第二十九条第一項に規定する要介護状態区分の変更の認定を受けた場合
12　第二項から第八項までの規定は、第九項に規定する施設サービス計画の変更について準用する。

（介護）
第十三条　介護は、入所者の自立の支援及び日常生活の充実に資するよう、入所者の心身の状況に応じて、適切な技術をもって行われなければならない。
2　指定介護老人福祉施設は、一週間に二回以上、適切な方法により、入所者を入浴させ、又は清しきしなければならない。
3　指定介護老人福祉施設は、入所者に対し、その心身の状況に応じて、適切な方法により、排せつの自立について必要な援助を行わなければならない。
4　指定介護老人福祉施設は、おむつを使用せざるを得ない入所者のおむつを適切に取り替えなければならない。
5　指定介護老人福祉施設は、褥瘡じょくそうが発生しないよう適切な介護を行うとともに、その発生を予防するための体制を整備しなければならない。
6　指定介護老人福祉施設は、入所者に対し、前各項に規定するもののほか、離床、着替え、整容等の介護を適切に行わなければならない。
7　指定介護老人福祉施設は、常時一人以上の常勤の介護職員を介護に従事させなければならない。
8　指定介護老人福祉施設は、入所者に対し、その負担により、当該指定介護老人福祉施設の従業者以外の者による介護を受けさせてはならない。

（食事）
第十四条　指定介護老人福祉施設は、栄養並びに入所者の心身の状況及び嗜し好を考慮した食事を、適切な時間に提供しなければならない。
2　指定介護老人福祉施設は、入所者が可能な限り離床して、食堂で食事を摂ることを支援しなければならない。

（相談及び援助）
第十五条　指定介護老人福祉施設は、常に入所者の心身の状況、その置かれている環境等の的確な把握に努め、入所者又はその家族に対し、その相談に適切に応じるとともに、必要な助言その他の援助を行わなければならない。

（社会生活上の便宜の提供等）
第十六条　指定介護老人福祉施設は、教養娯楽設備等を備えるほか、適宜入所者のためのレクリエーション行事を行わなければならない。
2　指定介護老人福祉施設は、入所者が日常生活を営むのに必要な行政機関等に対する手続について、その者又はその家族において行うことが困難である場合は、その者の同意を得て、代わって行わなければならない。
3　指定介護老人福祉施設は、常に入所者の家族との連携を図るとともに、入所者とその家族との交流等の機会を確保するよう努めなければならない。
4　指定介護老人福祉施設は、入所者の外出の機会を確保するよう努めなければならない。

（機能訓練）
第十七条　指定介護老人福祉施設は、入所者に対し、その心身の状況等に応じて、日常生活を営むのに必要な機能を改善し、又はその減退を防止するための訓練を行わなければならない。

（健康管理）
第十八条　指定介護老人福祉施設の医師又は看護職員は、常に入所者の健康の状況に注意し、必要に応じて健康保持のための適切な措置を採らなければならない。

（入所者の入院期間中の取扱い）
第十九条　指定介護老人福祉施設は、入所者について、病院又は診療所に入院する必要が生じた場合であって、入院後おおむね三月以内に退院することが明らかに見込まれるときは、その者及びその家族の希望等を勘案し、必要に応じて適切な便宜を供与するとともに、やむを得ない事情がある場合を除き、退院後再び当該指定介護老人福祉施設に円滑に入所することができるようにしなければならない。

（入所者に関する市町村への通知）
第二十条　指定介護老人福祉施設は、入所者が次の各号のいずれかに該当する場合は、遅滞なく、意見を付してその旨を市町村に通知しなければならない。
一　正当な理由なしに指定介護福祉施設サービスの利用に関する指示に従わないことにより、要介護状態の程度を増進させたと認められるとき。
二　偽りその他不正の行為によって保険給付を受け、又は受けようとしたとき。

（管理者による管理）
第二十一条　指定介護老人福祉施設の管理者は、専ら当該指定介護老人福祉施設の職務に従事する常勤の者でなければならない。ただし、当該指定介護老人福祉施設の管理上支障がない場合は、同一敷地内にある他の事業所、施設等又は当該指定介護老人福祉施設のサテライト型居住施設の職務に従事することができる。

（管理者の責務）
第二十二条　指定介護老人福祉施設の管理者は、当該指定介護老人福祉施設の従業者の管理、業務の実施状況の把握その他の管理を一元的に行わなければならない。
2　指定介護老人福祉施設の管理者は、従業者にこの章の規定を遵守させるために必要な指揮命令を行うものとする。

（計画担当介護支援専門員の責務）
第二十二条の二　計画担当介護支援専門員は、第十二条に規定する業務のほか、次に掲げる業務を行うものとする。
一　入所申込者の入所に際し、その者に係る居宅介護支援事業者に対する照会等により、その者の心身の状況、生活歴、病歴、指定居宅サービス等の利用状況等を把握すること。
二　入所者の心身の状況、その置かれている環境等に照らし、その者が居宅において日常生活を営むことができるかどうかについて定期的に検討すること。
三　その心身の状況、その置かれている環境等に照らし、居宅において日常生活を営むことができると認められる入所者に対し、その者及びその家族の希望、その者が退所後に置かれることとなる環境等を勘案し、その者の円滑な退所のために必要な援助を行うこと。
四　入所者の退所に際し、居宅サービス計画の作成等の援助に資するため、居宅介護支援事業者に対して情報

を提供するほか、保健医療サービス又は福祉サービスを提供する者と密接に連携すること。
五　第十一条第五項に規定する身体的拘束等の態様及び時間、その際の入所者の心身の状況並びに緊急やむを得ない理由を記録すること。
六　第三十三条第二項に規定する苦情の内容等を記録すること。
七　第三十五条第三項に規定する事故の状況及び事故に際して採った処置について記録すること。

（運営規程）
第二十三条　指定介護老人福祉施設は、次に掲げる施設の運営についての重要事項に関する規程（以下「運営規程」という。）を定めておかなければならない。
一　施設の目的及び運営の方針
二　従業者の職種、員数及び職務の内容
三　入所定員
四　入所者に対する指定介護福祉施設サービスの内容及び利用料その他の費用の額
五　施設の利用に当たっての留意事項
六　非常災害対策
七　その他施設の運営に関する重要事項

（勤務体制の確保等）
第二十四条　指定介護老人福祉施設は、入所者に対し、適切な指定介護福祉施設サービスを提供することができるよう、従業者の勤務の体制を定めておかなければならない。
2　指定介護老人福祉施設は、当該指定介護老人福祉施設の従業者によって指定介護福祉施設サービスを提供しなければならない。ただし、入所者の処遇に直接影響を及ぼさない業務については、この限りでない。
3　指定介護老人福祉施設は、従業者に対し、その資質の向上のための研修の機会を確保しなければならない。

（定員の遵守）
第二十五条　指定介護老人福祉施設は、入所定員及び居室の定員を超えて入所させてはならない。ただし、災害、虐待その他のやむを得ない事情がある場合は、この限りでない。

（非常災害対策）
第二十六条　指定介護老人福祉施設は、非常災害に関する具体的計画を立て、非常災害時の関係機関への通報及び連携体制を整備し、それらを定期的に従業者に周知するとともに、定期的に避難、救出その他必要な訓練を行わなければならない。

（衛生管理等）
第二十七条　指定介護老人福祉施設は、入所者の使用する食器その他の設備又は飲用に供する水について、衛生的な管理に努め、又は衛生上必要な措置を講ずるとともに、医薬品及び医療機器の管理を適正に行わなければならない。
2　指定介護老人福祉施設は、当該指定介護老人福祉施設において感染症又は食中毒が発生し、又はまん延しないように、次の各号に掲げる措置を講じなければならない。
一　当該指定介護老人福祉施設における感染症及び食中毒の予防及びまん延の防止のための対策を検討する委員会をおおむね三月に一回以上開催するとともに、その結果について、介護職員その他の従業者に周知徹底を図ること。
二　当該指定介護老人福祉施設における感染症及び食中毒の予防及びまん延の防止のための指針を整備すること。
三　当該指定介護老人福祉施設において、介護職員その他の従業者に対し、感染症及び食中毒の予防及びまん延の防止のための研修を定期的に実施すること。
四　前三号に掲げるもののほか、別に厚生労働大臣が定める感染症及び食中毒の発生が疑われる際の対処等に関する手順に沿った対応を行うこと。

（協力病院等）
第二十八条　指定介護老人福祉施設は、入院治療を必要とする入所者のために、あらかじめ、協力病院を定めておかなければならない。
2　指定介護老人福祉施設は、あらかじめ、協力歯科医療機関を定めておくよう努めなければならない。

（掲示）
第二十九条　指定介護老人福祉施設は、当該指定介護老人福祉施設の見やすい場所に、運営規程の概要、従業者の勤務の体制、協力病院、利用料その他のサービスの選択に資すると認められる重要事項を掲示しなければならない。

（秘密保持等）
第三十条　指定介護老人福祉施設の従業者は、正当な理由がなく、その業務上知り得た入所者又はその家族の秘密を漏らしてはならない。
2　指定介護老人福祉施設は、従業者であった者が、正当な理由がなく、その業務上知り得た入所者又はその家族の秘密を漏らすことがないよう、必要な措置を講じなければならない。
3　指定介護老人福祉施設は、居宅介護支援事業者等に対して、入所者に関する情報を提供する際には、あらかじめ文書により入所者の同意を得ておかなければならない。

（広告）
第三十一条　指定介護老人福祉施設は、当該指定介護老人福祉施設について広告をする場合は、その内容が虚偽又は誇大なものであってはならない。

（居宅介護支援事業者に対する利益供与等の禁止）
第三十二条　指定介護老人福祉施設は、居宅介護支援事業者又はその従業者に対し、要介護被保険者に当該指定介護老人福祉施設を紹介することの対償として、金品その他の財産上の利益を供与してはならない。
2　指定介護老人福祉施設は、居宅介護支援事業者又はその従業者から、当該指定介護老人福祉施設からの退所者を紹介することの対償として、金品その他の財産上の利益を収受してはならない。

（苦情処理）
第三十三条　指定介護老人福祉施設は、その提供した指定介護福祉施設サービスに関する入所者及びその家族からの苦情に迅速かつ適切に対応するために、苦情を受け付けるための窓口を設置する等の必要な措置を講じなければならない。
2　指定介護老人福祉施設は、前項の苦情を受け付けた場合には、当該苦情の内容等を記録しなければならない。
3　指定介護老人福祉施設は、提供した指定介護福祉施設

サービスに関し、法第二十三条の規定による市町村が行う文書その他の物件の提出若しくは提示の求め又は当該市町村の職員からの質問若しくは照会に応じ、入所者からの苦情に関して市町村が行う調査に協力するとともに、市町村から指導又は助言を受けた場合は、当該指導又は助言に従って必要な改善を行わなければならない。

4 指定介護老人福祉施設は、市町村からの求めがあった場合には、前項の改善の内容を市町村に報告しなければならない。

5 指定介護老人福祉施設は、提供した指定介護福祉施設サービスに関する入所者からの苦情に関して国民健康保険団体連合会（国民健康保険法（昭和三十三年法律第百九十二号）第四十五条第五項に規定する国民健康保険団体連合会をいう。以下同じ。）が行う法第百七十六条第一項第三号の規定による調査に協力するとともに、国民健康保険団体連合会から同号の規定による指導又は助言を受けた場合は、当該指導又は助言に従って必要な改善を行わなければならない。

6 指定介護老人福祉施設は、国民健康保険団体連合会からの求めがあった場合には、前項の改善の内容を国民健康保険団体連合会に報告しなければならない。

（地域との連携等）
第三十四条 指定介護老人福祉施設は、その運営に当たっては、地域住民又はその自発的な活動等との連携及び協力を行う等の地域との交流を図らなければならない。

2 指定介護老人福祉施設は、その運営に当たっては、提供した指定介護福祉施設サービスに関する入所者からの苦情に関して、市町村等が派遣する者が相談及び援助を行う事業その他の市町村が実施する事業に協力するよう努めなければならない。

（事故発生の防止及び発生時の対応）
第三十五条 指定介護老人福祉施設は、事故の発生又はその再発を防止するため、次の各号に定める措置を講じなければならない。
一 事故が発生した場合の対応、次号に規定する報告の方法等が記載された事故発生の防止のための指針を整備すること。
二 事故が発生した場合又はそれに至る危険性がある事態が生じた場合に、当該事実が報告され、その分析を通じた改善策を従業者に周知徹底する体制を整備すること。
三 事故発生の防止のための委員会及び従業者に対する研修を定期的に行うこと。

2 指定介護老人福祉施設は、入所者に対する指定介護福祉施設サービスの提供により事故が発生した場合は、速やかに市町村、入所者の家族等に連絡を行うとともに、必要な措置を講じなければならない。

3 指定介護老人福祉施設は、前項の事故の状況及び事故に際して採った処置について記録しなければならない。

4 指定介護老人福祉施設は、入所者に対する指定介護福祉施設サービスの提供により賠償すべき事故が発生した場合は、損害賠償を速やかに行わなければならない。

（会計の区分）
第三十六条 指定介護老人福祉施設は、指定介護福祉施設サービスの事業の会計をその他の事業の会計と区分しなければならない。

（記録の整備）
第三十七条 指定介護老人福祉施設は、従業者、設備及び会計に関する諸記録を整備しておかなければならない。

2 指定介護老人福祉施設は、入所者に対する指定介護福祉施設サービスの提供に関する次の各号に掲げる記録を整備し、その完結の日から二年間保存しなければならない。
一 施設サービス計画
二 第八条第二項に規定する提供した具体的なサービスの内容等の記録
三 第十一条第五項に規定する身体的拘束等の態様及び時間、その際の入所者の心身の状況並びに緊急やむを得ない理由の記録
四 第二十条に規定する市町村への通知に係る記録
五 第三十三条第二項に規定する苦情の内容等の記録
六 第三十五条第三項に規定する事故の状況及び事故に際して採った処置についての記録

介護老人保健施設の人員、施設及び設備並びに運営に関する基準

（平成一一・三・三一　厚令四〇）

（7）第一章　趣旨及び基本方針
（基本方針）
第一条の二 介護老人保健施設は、施設サービス計画に基づいて、看護、医学的管理の下における介護及び機能訓練その他必要な医療並びに日常生活上の世話を行うことにより、入所者がその有する能力に応じ自立した日常生活を営むことができるようにすることとともに、その者の居宅における生活への復帰を目指すものでなければならない。

2 介護老人保健施設は、入所者の意思及び人格を尊重し、常に入所者の立場に立って介護保健施設サービスの提供に努めなければならない。

3 介護老人保健施設は、明るく家庭的な雰囲気を有し、地域や家庭との結び付きを重視した運営を行い、市町村（特別区を含む。以下同じ。）、居宅介護支援事業者（居宅介護支援事業を行う者をいう。以下同じ。）、居宅サービス事業者（居宅サービス事業を行う者をいう。）、他の介護保険施設その他の保健医療サービス又は福祉サービスを提供する者との密接な連携に努めなければならない。

第四章　運営に関する基準
（内容及び手続の説明及び同意）
第五条 介護老人保健施設は、介護保健施設サービスの提供の開始に際し、あらかじめ、入所申込者又はその家族に対し、第二十五条に規定する運営規程の概要、従業者の勤務の体制その他の入所申込者のサービスの選択に資すると認められる重要事項を記した文書を交付して説明を行い、当該提供の開始について入所申込者の同意を得なければならない。

2　介護老人保健施設は、入所申込者又はその家族からの申出があった場合には、前項の規定による文書の交付に代えて、第五項で定めるところにより、当該入所申込者又はその家族の承諾を得て、当該文書に記すべき重要事項を電子情報処理組織を使用する方法その他の情報通信の技術を利用する方法であって次に掲げるもの（以下この条において「電磁的方法」という。）により提供することができる。この場合において、当該介護老人保健施設は、当該文書を交付したものとみなす。
　一　電子情報処理組織を使用する方法のうちイ又はロに掲げるもの
　　イ　介護老人保健施設の使用に係る電子計算機と入所申込者又はその家族の使用に係る電子計算機とを接続する電気通信回線を通じて送信し、受信者の使用に係る電子計算機に備えられたファイルに記録する方法
　　ロ　介護老人保健施設の使用に係る電子計算機に備えられたファイルに記録された前項に規定する重要事項を電気通信回線を通じて入所申込者又はその家族の閲覧に供し、当該入所申込者又はその家族の使用に係る電子計算機に備えられたファイルに当該重要事項を記録する方法（電磁的方法による提供を受ける旨の承諾又は受けない旨の申出をする場合にあっては、介護老人保健施設の使用に係る電子計算機に備えられたファイルにその旨を記録する方法）
　二　磁気ディスク、シー・ディー・ロムその他これらに準ずる方法により一定の事項を確実に記録しておくことができる物をもって調製するファイルに前項に規定する重要事項を記録したものを交付する方法
3　前項に掲げる方法は、入所申込者又はその家族がファイルへの記録を出力することによる文書を作成することができるものでなければならない。
4　第二項第一号の「電子情報処理組織」とは、介護老人保健施設の使用に係る電子計算機と、入所申込者又はその家族の使用に係る電子計算機とを電気通信回線で接続した電子情報処理組織をいう。
5　介護老人保健施設は、第二項の規定により第一項に規定する重要事項を提供しようとするときは、あらかじめ、当該入所申込者又はその家族に対し、その用いる次に掲げる電磁的方法の種類及び内容を示し、文書又は電磁的方法による承諾を得なければならない。
　一　第二項各号に規定する方法のうち介護老人保健施設が使用するもの
　二　ファイルへの記録の方式
6　前項の規定による承諾を得た介護老人保健施設は、当該入所申込者又はその家族から文書又は電磁的方法により電磁的方法による提供を受けない旨の申出があったときは、当該入所申込者又はその家族に対し、第一項に規定する重要事項の提供を電磁的方法によってしてはならない。ただし、当該入所申込者又はその家族が再び前項の規定による承諾をした場合は、この限りでない。

（提供拒否の禁止）
第五条の二　介護老人保健施設は、正当な理由なく介護老人保健施設サービスの提供を拒んではならない。

（サービス提供困難時の対応）
第五条の三　介護老人保健施設は、入所申込者の病状等を勘案し、入所申込者に対し自ら必要なサービスを提供することが困難であると認めた場合は、適切な病院又は診療所を紹介する等の適切な措置を速やかに講じなければならない。

（受給資格等の確認）
第六条　介護老人保健施設は、介護保険施設サービスの提供を求められた場合には、その者の提示する被保険者証によって、被保険者資格、要介護認定の有無及び要介護認定の有効期間を確かめるものとする。
2　介護老人保健施設は、前項の被保険者証に法第七十三条第二項に規定する認定審査会意見が記載されているときは、当該認定審査会意見に配慮して、介護保健施設サービスを提供するように努めなければならない。

（要介護認定の申請に係る援助）
第七条　介護老人保健施設は、入所の際に要介護認定を受けていない入所申込者については、要介護認定の申請が既に行われているかどうかを確認し、申請が行われていない場合は、入所申込者の意思を踏まえて速やかに当該申請が行われるよう必要な援助を行わなければならない。
2　介護老人保健施設は、要介護認定の更新の申請が遅くとも当該入所者が受けている要介護認定の有効期間の満了日の三十日前には行われるよう必要な援助を行わなければならない。

（入退所）
第八条　介護老人保健施設は、その心身の状況及び病状並びにその置かれている環境に照らし看護、医学的管理の下における介護及び機能訓練その他必要な医療等が必要であると認められる者を対象に、介護保健施設サービスを提供するものとする。
2　介護老人保健施設は、入所申込者の数が入所定員から入所者の数を差し引いた数を超えている場合には、医学的管理の下における介護及び機能訓練の必要性を勘案し、介護保健施設サービスを受ける必要性が高いと認められる入所申込者を優先的に入所させるよう努めなければならない。
3　介護老人保健施設は、入所申込者の入所に際しては、その者に係る居宅介護支援事業者に対する照会等により、その者の心身の状況、生活歴、病歴、指定居宅サービス等（法第八条第二十三項に規定する指定居宅サービス等をいう。以下同じ。）の利用状況等の把握に努めなければならない。
4　介護老人保健施設は、入所者の心身の状況、病状、その置かれている環境等に照らし、その者が居宅において日常生活を営むことができるかどうかについて定期的に検討し、その内容等を記録しなければならない。
5　前項の検討に当たっては、医師、薬剤師、看護・介護職員、支援相談員、介護支援専門員等の従業者の間で協議しなければならない。
6　介護老人保健施設は、入所者の退所に際しては、その者又はその家族に対し、適切な指導を行うとともに、居宅サービス計画の作成等の援助に資するため、居宅介護支援事業者に対する情報の提供に努めるほか、退所後の

主治の医師に対する情報の提供その他保健医療サービス又は福祉サービスを提供する者との密接な連携に努めなければならない。

（サービスの提供の記録）

第九条 介護老人保健施設は、入所に際しては入所の年月日並びに入所している介護保険施設の種類及び名称を、退所に際しては退所の年月日を、当該者の被保険者証に記載しなければならない。

2　介護老人保健施設は、介護保健施設サービスを提供した際には、提供した具体的なサービスの内容等を記録しなければならない。

第十条　削除

（利用料等の受領）

第十一条　介護老人保健施設は、法定代理受領サービス（法第四十八条第四項の規定により施設介護サービス費（同条第一項に規定する施設介護サービス費をいう。以下同じ。）が入所者に代わり当該介護老人保健施設に支払われる場合の当該施設介護サービス費に係る介護保健施設サービスをいう。以下同じ。）に該当する介護保健施設サービスを提供した際には、入所者から利用料（施設介護サービス費の支給の対象となる費用に係る対価をいう。以下同じ。）の一部として、当該介護保健施設サービスについて同条第二項に規定する厚生労働大臣が定める基準により算定した費用の額（その額が現に当該介護保健施設サービスに要した費用の額を超えるときは、当該現に介護保健施設サービスに要した費用の額とする。以下「施設サービス費用基準額」という。）から当該施設に支払われる施設介護サービス費の額を控除して得られた額の支払を受けるものとする。

2　介護老人保健施設は、法定代理受領サービスに該当しない介護保健施設サービスを提供した際に入所者から支払を受ける利用料の額と、施設サービス費用基準額との間に、不合理な差額が生じないようにしなければならない。

3　介護老人保健施設は、前二項の支払を受ける額のほか、次に掲げる費用の額の支払を受けることができる。

一　食事の提供に要する費用（法第五十一条の三第一項の規定により特定入所者介護サービス費が入所者に支給された場合は、同条第二項第一号に規定する食費の基準費用額（同条第四項の規定により当該特定入所者介護サービス費が入所者に代わり当該介護老人保健施設に支払われた場合は、同条第二項第一号に規定する食費の負担限度額）を限度とする。）

二　居住に要する費用（法第五十一条の三第一項の規定により特定入所者介護サービス費が入所者に支給された場合は、同条第二項第二号に規定する居住費の基準費用額（同条第四項の規定により当該特定入所者介護サービス費が入所者に代わり当該介護老人保健施設に支払われた場合は、同条第二項第二号に規定する居住費の負担限度額）を限度とする。）

三　厚生労働大臣の定める基準に基づき入所者が選定する特別な療養室の提供を行ったことに伴い必要となる費用

四　厚生労働大臣の定める基準に基づき入所者が選定する特別な食事の提供を行ったことに伴い必要となる費用

五　理美容代

六　前各号に掲げるもののほか、介護保健施設サービスにおいて提供される便宜のうち、日常生活においても通常必要となるものに係る費用であって、その入所者に負担させることが適当と認められるもの

4　前項第一号から第四号までに掲げる費用については、別に厚生労働大臣が定めるところによるものとする。

5　介護老人保健施設は、第三項各号に掲げる費用の額に係るサービスの提供に当たっては、あらかじめ、入所者又は家族に対し、当該サービスの内容及び費用を記した文書を交付して説明を行い、入所者の同意を得なければならない。ただし、同項第一号から第四号までに掲げる費用に係る同意については、文書によるものとする。

（保険給付の請求のための証明書の交付）

第十二条　介護老人保健施設は、法定代理受領サービスに該当しない介護保健施設サービスに係る費用の支払を受けた場合は、提供した介護保健施設サービスの内容、費用の額その他必要と認められる事項を記載したサービス提供証明書を入所者に対して交付しなければならない。

（介護保健施設サービスの取扱方針）

第十三条　介護老人保健施設は、施設サービス計画に基づき、入所者の要介護状態の軽減又は悪化の防止に資するよう、その者の心身の状況等を踏まえて、その者の療養を妥当適切に行わなければならない。

2　介護保健施設サービスは、施設サービス計画に基づき、漫然かつ画一的なものとならないよう配慮して行われなければならない。

3　介護老人保健施設の従業者は、介護保健施設サービスの提供に当たっては、懇切丁寧を旨とし、入所者又はその家族に対し、療養上必要な事項について、理解しやすいように指導又は説明を行わなければならない。

4　介護老人保健施設は、介護保健施設サービスの提供に当たっては、当該入所者又は他の入所者等の生命又は身体を保護するため緊急やむを得ない場合を除き、身体的拘束その他入所者の行動を制限する行為（以下「身体的拘束等」という。）を行ってはならない。

5　介護老人保健施設は、前項の身体的拘束等を行う場合には、その態様及び時間、その際の入所者の心身の状況並びに緊急やむを得ない理由を記録しなければならない。

6　介護老人保健施設は、自らその提供する介護保健施設サービスの質の評価を行い、常にその改善を図らなければならない。

（施設サービス計画の作成）

第十四条　介護老人保健施設の管理者は、介護支援専門員に施設サービス計画の作成に関する業務を担当させるものとする。

2　施設サービス計画に関する業務を担当する介護支援専門員（以下「計画担当介護支援専門員」という。）は、施設サービス計画の作成に当たっては、入所者の日常生活全般を支援する観点から、当該地域の住民による自発的な活動によるサービス等の利用も含めて施設サービス計画上に位置付けるよう努めなければならない。

3　計画担当介護支援専門員は、施設サービス計画の作成

に当たっては、適切な方法により、入所者について、その有する能力、その置かれている環境等の評価を通じて入所者が現に抱える問題点を明らかにし、入所者が自立した日常生活を営むことができるように支援する上で解決すべき課題を把握しなければならない。
4 計画担当介護支援専門員は、前項に規定する解決すべき課題の把握（以下「アセスメント」という。）に当たっては、入所者及びその家族に面接して行わなければならない。この場合において、計画担当介護支援専門員は、面接の趣旨を入所者及びその家族に対して十分説明し、理解を得なければならない。
5 計画担当介護支援専門員は、入所者の希望、入所者についてのアセスメントの結果及び医師の治療の方針に基づき、入所者の家族の希望を勘案して、入所者及びその家族の生活に対する意向、総合的な援助の方針、生活全般の解決すべき課題、介護保健施設サービスの目標及びその達成時期、介護保健施設サービスの内容、介護保健施設サービスを提供する上での留意事項等を記載した施設サービス計画の原案を作成しなければならない。
6 計画担当介護支援専門員は、サービス担当者会議（入所者に対する介護保健施設サービスの提供に当たる他の担当者（以下この条において「担当者」という。）を召集して行う会議をいう。以下同じ。）の開催、担当者に対する照会等により、当該施設サービス計画の原案の内容について、担当者から、専門的な見地からの意見を求めるものとする。
7 計画担当介護支援専門員は、施設サービス計画の原案の内容について入所者又はその家族に対して説明し、文書により入所者の同意を得なければならない。
8 計画担当介護支援専門員は、施設サービス計画を作成した際には、当該施設サービス計画を入所者に交付しなければならない。
9 計画担当介護支援専門員は、施設サービス計画の作成後、施設サービス計画の実施状況の把握（入所者についての継続的なアセスメントを含む。）を行い、必要に応じて施設サービス計画の変更を行うものとする。
10 計画担当介護支援専門員は、前項に規定する実施状況の把握（以下「モニタリング」という。）に当たっては、入所者及びその家族並びに担当者との連絡を継続的に行うこととし、特段の事情のない限り、次に定めるところにより行わなければならない。
　一 定期的に入所者に面接すること。
　二 定期的にモニタリングの結果を記録すること。
11 計画担当介護支援専門員は、次に掲げる場合においては、サービス担当者会議の開催、担当者に対する照会等により、施設サービス計画の変更の必要性について、担当者から、専門的な見地からの意見を求めるものとする。
　一 入所者が法第二十八条第二項に規定する要介護更新認定を受けた場合
　二 入所者が法第二十九条第一項に規定する要介護状態区分の変更の認定を受けた場合
12 第二項から第八項までの規定は、第九項に規定する施設サービス計画の変更について準用する。
（診療の方針）

第十五条　医師の診療の方針は、次に掲げるところによるものとする。
　一 診療は、一般に医師として必要性があると認められる疾病又は負傷に対して、的確な診断を基とし、療養上妥当適切に行う。
　二 診療に当たっては、常に医学の立場を堅持して、入所者の心身の状況を観察し、要介護者の心理が健康に及ぼす影響を十分配慮して、心理的な効果をもあげることができるよう適切な指導を行う。
　三 常に入所者の病状、心身の状況及びその置かれている環境等の的確な把握に努め、入所者又はその家族に対し、適切な指導を行う。
　四 検査、投薬、注射、処置等は、入所者の病状に照らして妥当適切に行う。
　五 特殊な療法又は新しい療法等については、別に厚生労働大臣が定めるもののほか行ってはならない。
　六 別に厚生労働大臣が定める医薬品以外の医薬品を入所者に施用し、又は処方してはならない。
（必要な医療の提供が困難な場合等の措置等）
第十六条　介護老人保健施設の医師は、入所者の病状からみて当該介護老人保健施設において自ら必要な医療を提供することが困難であると認めたときは、協力病院その他適当な病院若しくは診療所への入院のための措置を講じ、又は他の医師の対診を求める等診療について適切な措置を講じなければならない。
2 介護老人保健施設の医師は、不必要に入所者のために往診を求め、又は入所者を病院若しくは診療所に通院させてはならない。
3 介護老人保健施設の医師は、入所者のために往診を求め、又は入所者を病院若しくは診療所に通院させる場合には、当該病院又は診療所の医師又は歯科医師に対し、当該入所者の診療状況に関する情報の提供を行わなければならない。
4 介護老人保健施設の医師は、入所者が往診を受けた医師若しくは歯科医師又は入所者が通院した病院若しくは診療所の医師若しくは歯科医師から当該入所者の療養上必要な情報の提供を受けるものとし、その情報により適切な診療を行わなければならない。
（機能訓練）
第十七条　介護老人保健施設は、入所者の心身の諸機能の維持回復を図り、日常生活の自立を助けるため、理学療法、作業療法その他必要なリハビリテーションを計画的に行わなければならない。
（看護及び医学的管理の下における介護）
第十八条　看護及び医学的管理の下における介護は、入所者の自立の支援と日常生活の充実に資するよう、入所者の病状及び心身の状況に応じ、適切な技術をもって行われなければならない。
2 介護老人保健施設は、一週間に二回以上、適切な方法により、入所者を入浴させ、又は清しきしなければならない。
3 介護老人保健施設は、入所者の病状及び心身の状況に応じ、適切な方法により、排せつの自立について必要な援助を行わなければならない。

4　介護老人保健施設は、おむつを使用せざるを得ない入所者のおむつを適切に取り替えなければならない。
5　介護老人保健施設は、褥瘡じよくそうが発生しないよう適切な介護を行うとともに、その発生を予防するための体制を整備しなければならない。
6　介護老人保健施設は、前各項に定めるほか、入所者に対し、離床、着替え、整容その他日常生活上の世話を適切に行わなければならない。
7　介護老人保健施設は、その入所者に対して、入所者の負担により、当該介護老人保健施設の従業者以外の者による看護及び介護を受けさせてはならない。

（食事の提供）
第十九条　入所者の食事は、栄養並びに入所者の身体の状況、病状及び嗜し好を考慮したものとするとともに、適切な時間に行われなければならない。
2　入所者の食事は、その者の自立の支援に配慮し、できるだけ離床して食堂で行われるよう努めなければならない。

（相談及び援助）
第二十条　介護老人保健施設は、常に入所者の心身の状況、病状、その置かれている環境等の的確な把握に努め、入所者又はその家族に対し、その相談に適切に応じるとともに、必要な助言その他の援助を行わなければならない。

（その他のサービスの提供）
第二十一条　介護老人保健施設は、適宜入所者のためのレクリエーション行事を行うよう努めるものとする。
2　介護老人保健施設は、常に入所者の家族との連携を図るとともに、入所者とその家族との交流等の機会を確保するよう努めなければならない。

（入所者に関する市町村への通知）
第二十二条　介護老人保健施設は、介護保健施設サービスを受けている入所者が次のいずれかに該当する場合は、遅滞なく、意見を付してその旨を市町村に通知しなければならない。
一　正当な理由なしに介護保健施設サービスの利用に関する指示に従わないことにより、要介護状態の程度を増進させたと認められるとき。
二　偽りその他不正の行為によって保険給付を受け、又は受けようとしたとき。

（管理者による管理）
第二十三条　介護老人保健施設の管理者は、専ら当該介護老人保健施設の職務に従事する常勤の者でなければならない。ただし、当該介護老人保健施設の管理上支障のない場合は、同一敷地内にある他の事業所、施設等の職務に従事することができるものとし、管理者が本体施設（介護老人保健施設に限る。以下この条において同じ。）に従事する場合であって、当該本体施設の管理上支障のない場合は、サテライト型小規模介護老人保健施設、サテライト型特定施設（指定地域密着型サービスの事業の人員、設備及び運営に関する基準（平成十八年厚生労働省令第三十四号。以下この条において「指定地域密着型サービス基準」という。）第百十条第四項に規定するサテライト型特定施設をいう。）又はサテライト型居住施設（指定地域密着型サービス基準第百三十一条第四項に規定するサテライト型居住施設をいう。）の職務に従事することができるものとする。

（管理者の責務）
第二十四条　介護老人保健施設の管理者は、当該介護老人保健施設の従業者の管理、業務の実施状況の把握その他の管理を一元的に行わなければならない。
2　介護老人保健施設の管理者は、従業者にこの章の規定を遵守させるために必要な指揮命令を行うものとする。

（計画担当介護支援専門員の責務）
第二十四条の二　計画担当介護支援専門員は、第十四条に規定する業務のほか、次に掲げる業務を行うものとする。
一　入所申込者の入所に際し、その者に係る居宅介護支援事業者に対する照会等により、その者の心身の状況、生活歴、病歴、指定居宅サービス等の利用状況等を把握すること。
二　入所者の心身の状況、その置かれている環境等に照らし、その者が居宅において日常生活を営むことができるかどうかについて定期的に検討し、その内容等を記録すること。
三　入所者の退所に際し、居宅サービス計画の作成等の援助に資するため、居宅介護支援事業者に対して情報を提供するほか、保健医療サービス又は福祉サービスを提供する者と密接に連携すること。
四　第三十四条第二項に規定する苦情の内容等を記録すること。
五　第三十六条第二項に規定する事故の状況及び事故に際して採った処置について記録すること。

（運営規程）
第二十五条　介護老人保健施設は、次に掲げる施設の運営についての重要事項に関する規程（以下「運営規程」という。）を定めておかなければならない。
一　施設の目的及び運営の方針
二　従業者の職種、員数及び職務の内容
三　入所定員
四　入所者に対する介護保健施設サービスの内容及び利用料その他の費用の額
五　施設の利用に当たっての留意事項
六　非常災害対策
七　その他施設の運営に関する重要事項

（勤務体制の確保等）
第二十六条　介護老人保健施設は、入所者に対し、適切な介護保健施設サービスを提供できるよう、従業者の勤務の体制を定めておかなければならない。
2　介護老人保健施設は、当該施設の従業者によって介護保健施設サービスを提供しなければならない。ただし、入所者の処遇に直接影響を及ぼさない業務については、この限りでない。
3　介護老人保健施設は、従業者の資質の向上のために、その研修の機会を確保しなければならない。

（定員の遵守）
第二十七条　介護老人保健施設は、入所定員及び療養室の定員を超えて入所させてはならない。ただし、災害、虐待その他のやむを得ない事情がある場合は、この限りでない。

（非常災害対策）

第二十八条　介護老人保健施設は、非常災害に関する具体的計画を立て、非常災害時の関係機関への通報及び連携体制を整備し、それらを定期的に従業者に周知するとともに、定期的に避難、救出その他必要な訓練を行わなければならない。
（衛生管理等）
第二十九条　介護老人保健施設は、入所者の使用する施設、食器その他の設備又は飲用に供する水について、衛生的な管理に努め、又は衛生上必要な措置を講ずるとともに、医薬品及び医療機器の管理を適正に行わなければならない。
2　介護老人保健施設は、当該介護老人保健施設において感染症又は食中毒が発生し、又はまん延しないように、次の各号に掲げる措置を講じなければならない。
　一　当該介護老人保健施設における感染症又は食中毒の予防及びまん延の防止のための対策を検討する委員会をおおむね三月に一回以上開催するとともに、その結果について、介護職員その他の従業者に周知徹底を図ること。
　二　当該介護老人保健施設における感染症又は食中毒の予防及びまん延の防止のための指針を整備すること。
　三　当該介護老人保健施設において、介護職員その他の従業者に対し、感染症及び食中毒の予防及びまん延の防止のための研修を定期的に実施すること。
　四　前三号に掲げるもののほか、別に厚生労働大臣が定める感染症又は食中毒の発生が疑われる際の対処等に関する手順に沿った対応を行うこと。
（協力病院）
第三十条　介護老人保健施設は、入所者の病状の急変等に備えるため、あらかじめ、協力病院を定めておかなければならない。
2　介護老人保健施設は、あらかじめ、協力歯科医療機関を定めておくよう努めなければならない。
（掲示）
第三十一条　介護老人保健施設は、当該介護老人保健施設の見やすい場所に、運営規程の概要、従業者の勤務の体制、協力病院、利用料その他のサービスの選択に資すると認められる重要事項を掲示しなければならない。
（秘密保持等）
第三十二条　介護老人保健施設の従業者は、正当な理由がなく、その業務上知り得た入所者又はその家族の秘密を漏らしてはならない。
2　介護老人保健施設は、従業者であった者が、正当な理由がなく、その業務上知り得た入所者又はその家族の秘密を漏らすことがないよう、必要な措置を講じなければならない。
3　介護老人保健施設は、居宅介護支援事業者等に対して、入所者に関する情報を提供する際には、あらかじめ文書により入所者の同意を得ておかなければならない。
（居宅介護支援事業者に対する利益供与等の禁止）
第三十三条　介護老人保健施設は、居宅介護支援事業者又はその従業者に対し、要介護被保険者に当該施設を紹介することの対償として、金品その他の財産上の利益を供与してはならない。

2　介護老人保健施設は、居宅介護支援事業者又はその従業者から、当該施設からの退所者を紹介することの対償として、金品その他の財産上の利益を収受してはならない。
（苦情処理）
第三十四条　介護老人保健施設は、提供した介護保健施設サービスに関する入所者及びその家族からの苦情に迅速かつ適切に対応するために、苦情を受け付けるための窓口を設置する等の必要な措置を講じなければならない。
2　介護老人保健施設は、前項の苦情を受け付けた場合には、当該苦情の内容等を記録しなければならない。
3　介護老人保健施設は、提供した介護保健施設サービスに関し、法第二十三条の規定による市町村が行う文書その他の物件の提出若しくは提示の求め又は当該市町村の職員からの質問若しくは照会に応じ、入所者からの苦情に関して市町村が行う調査に協力するとともに、市町村から指導又は助言を受けた場合は、当該指導又は助言に従って必要な改善を行わなければならない。
4　介護老人保健施設は、市町村からの求めがあった場合には、前項の改善の内容を市町村に報告しなければならない。
5　介護老人保健施設は、提供した介護保健施設サービスに関する入所者からの苦情に関して国民健康保険団体連合会（国民健康保険法（昭和三十三年法律第百九十二号）第四十五条第五項に規定する国民健康保険団体連合会をいう。以下同じ。）が行う法第百七十六条第一項第三号の規定による調査に協力するとともに、国民健康保険団体連合会から同号の規定による指導又は助言を受けた場合は、当該指導又は助言に従って必要な改善を行わなければならない。
6　介護老人保健施設は、国民健康保険団体連合会からの求めがあった場合には、前項の改善の内容を国民健康保険団体連合会に報告しなければならない。
（地域との連携等）
第三十五条　介護老人保健施設は、その運営に当たっては、地域住民又はその自発的な活動等との連携及び協力を行う等の地域との交流に努めなければならない。
2　介護老人保健施設は、その運営に当たっては、提供した介護保健施設サービスに関する入所者からの苦情に関して、市町村等が派遣する者が相談及び援助を行う事業その他の市町村が実施する事業に協力するよう努めなければならない。
（事故発生の防止及び発生時の対応）
第三十六条　介護老人保健施設は、事故の発生又はその再発を防止するため、次の各号に定める措置を講じなければならない。
　一　事故が発生した場合の対応、次号に規定する報告の方法等が記載された事故発生の防止のための指針を整備すること。
　二　事故が発生した場合又はそれに至る危険性がある事態が生じた場合に、当該事実が報告され、その分析を通じた改善策を従業者に周知徹底する体制を整備すること。
　三　事故発生の防止のための委員会及び従業者に対する研修を定期的に行うこと。

2　介護老人保健施設は、入所者に対する介護保健施設サービスの提供により事故が発生した場合は、速やかに市町村、入所者の家族等に連絡を行うとともに、必要な措置を講じなければならない。

3　介護老人保健施設は、前項の事故の状況及び事故に際して採った処置について記録しなければならない。

4　介護老人保健施設は、入所者に対する介護保健施設サービスの提供により賠償すべき事故が発生した場合は、損害賠償を速やかに行わなければならない。

（会計の区分）

第三十七条　介護老人保健施設は、介護保健施設サービスの事業の会計とその他の事業の会計を区分しなければならない。

（記録の整備）

第三十八条　介護老人保健施設は、従業者、施設及び構造設備並びに会計に関する諸記録を整備しておかなければならない。

2　介護老人保健施設は、入所者に対する介護保健施設サービスの提供に関する次の各号に掲げる記録を整備し、その完結の日から二年間保存しなければならない。

一　施設サービス計画

二　第八条第四項に規定する居宅において日常生活を営むことができるかどうかについての検討の内容等の記録

三　第九条第二項に規定する提供した具体的なサービスの内容等の記録

四　第十三条第五項に規定する身体的拘束等の態様及び時間、その際の入所者の心身の状況並びに緊急やむを得ない理由の記録

五　第二十二条に規定する市町村への通知に係る記録

六　第三十四条第二項に規定する苦情の内容等の記録

七　第三十六条第三項に規定する事故の状況及び事故に際して採った処置についての記録

■ 著者紹介

倉田康路（くらた やすみち）

1966年生
関西学院大学大学院博士後期課程社会学研究科社会福祉学専攻単位取得後満期退学

現　在
　西九州大学大学院教授，健康福祉学部長
　佐賀大学，全国社会福祉協議会中央福祉学院など非常勤講師
　博士（社会福祉学），社会福祉士
　日本看護福祉学会副理事長，社会福祉士国家試験委員，佐賀県地域福祉支援計画推進委員会委員長，福祉サービス評価センターさが評価委員会委員長，高齢者虐待防止ネットワークさが代表ほか，介護保険関係（佐賀県内）として，介護保険審査会委員，介護保険運営協議会委員，介護保険事業計画策定委員会委員，地域包括支援センター運営協議会委員，国民健康保険団体連合会介護サービス苦情処理委員など

著　書
　『サービス計画の理論と実践モデル』（単著）金芳堂
　『盲老人福祉を考える』（単著）全国盲老人福祉施設協議会
　『高齢者虐待を防げ』（共監編著）法律文化社
　『社会福祉概論』（共著）ミネルヴァ書房
　『老人福祉論』（分担執筆）全国社会福祉協議会
　『これからの高齢者福祉』（分担執筆）保育出版
　『高齢者の生活相談・援助』（分担執筆）中央法規
　『介護サービスのリスクマネジメント』（分担執筆）介護労働安定センター
　『福祉実践の未来を拓く』（分担執筆）中央法規
　『社会福祉方法論の新展開』（分担執筆）中央法規　ほか多数

介護保険サービス苦情の構造
―苦情を活かせばサービスが変わる

2014年4月30日　第一版第一刷発行　　　　　◎検印省略

著　者　倉　田　康　路

発行所　株式会社　学文社　　郵便番号　153-0064
発行者　田　中　千津子　　　東京都目黒区下目黒3-6-1
　　　　　　　　　　　　　　電　話　03(3715)1501(代)
　　　　　　　　　　　　　　http://www.gakubunsha.com

©2014 KURATA Yasumichi Printed in Japan
乱丁・落丁の場合は本社でお取替します。　　印刷所　新灯印刷株式会社
定価は売上カード，カバーに表示。

ISBN 978-4-7620-2457-3